Google
Guía de bolsillo

Serie: Nowtilus Tecnología [www.nowtilus.com]
Colección: Manuales PC [www.manualespc.com]
Título original: Google, Pocket Guide
Autores: Tara Calishain, Rael Dornfest y DJ Adams
Traducción: Sandra Suárez Sánchez de León para Grupo ROS

Diseño interiores: David Futato
Diseño de cubiertas: Edie Freedman

Editor: Santos Rodríguez
Maquetacion y Revisión: Grupo ROS [www.rosmultimedia.com]
Coordinación editorial: Grupo ROS [Sandra Suárez]

Edición original en lengua inglesa: © O'Reilly Media, Inc.
© 2004 Ediciones Nowtilus S.L. Authorized translation of the English edition © 2003 O'Reilly Media, Inc. This translation is published and sold by permission of O'Reilly Media, Inc., the owner of all rights to publish and sell the same.

Edición española realizada por Ediciones Nowtilus S.L.
[www.nowtilus.com]
Doña Juana I de Castilla 44, 3º C, 28027, Madrid.

Printed in Spain
ISBN: 84-9763-082-3
Depósito legal: BA-030-04
EAN: 9788497630825
0402003011
Fecha de edición: Marzo 2004

Reservados todos los derechos. El contenido de esta obra está protegido por la Ley, que establece pena de prisión y/o multas, además de las correspondientes indemnizaciones por daños y perjuicios, para quienes reprodujeren, plagiaren, distribuyeren o comunicaren públicamente, en todo o en parte, una obra literaria, artística o científica, o su transformación, interpretación o ejecución artística fijada en cualquier tipo de soporte o comunicada a través de cualquier medio, sin la preceptiva autorización.

Imprime: Gráficas Varona, S.A.

Google
Guía de bolsillo

*Tara Calishain, Rael Dornfest
y DJ Adams*

Pekín · Cambridge · Farnham · Colonia · París · Sebastopol · Taiwan · Tokyo

Índice

Introducción	1

Parte I. ¿Qué podemos hacer con Google?

Qué no es Google	5
Qué es Google	6
Un ejemplo sencillo	8
Mejorar los resultados de Google	11
Caso A: Joseph Lomax, estudiante	11
Caso B: Sabine Reitz, periodista	13
Caso C: Katie Aston, dentista	15

Parte II. Preguntar lo que queremos

Los básicos de Google	17
Búsqueda de frases	17
Booleanos básicos	18
Negación	19
Inclusión explícita	19
Búsqueda sencilla y Voy a tener suerte™	20
Sensibilidad tipográfica	20
Comodines de palabras completas	21

El límite de 10 palabras — **22**
- Sacar partido de las palabras poco comunes — 22
- Jugar con el comodín — 23

Sintaxis especial — **24**

Combinar la sintaxis — **32**
- Cómo no se debe mezclar la sintaxis — 32
- Cómo combinar la sintaxis — 34
- Los elementos de sintaxis antisociales — 35
- Todas las posibilidades — 37

Búsqueda avanzada — **38**
- Palabras de la consulta — 39
- Idioma — 39
- Formato de archivo — 39
- Fecha — 39
- Presencia — 40
- Dominios — 40
- Búsqueda segura (Safe Search) — 40
- Propiedades adicionales de Google — 40

Vocabulario especializado: argot y terminología — **41**
- Jergas — 41
- Vocabulario especializado. Argot profesional — 43

Parte III. Entender los resultados

Establecer preferencias — **47**
- Idioma de la interfaz — 47
- Idioma de la búsqueda — 48
- Filtro para búsquedas seguras — 48
- Número de resultados — 49
- Preferencias para investigadores — 49

Anatomía de los resultados de la búsqueda	**50**
Entender las URL de Google	**53**
Anatomía de una URL	54
Comprobar la ortografía	**56**
Sacar partido de los errores ortográficos	57

Parte IV. Otras características y servicios de Google

El Directorio de Google	**59**
Buscar en el Directorio de Google	61
Sintaxis especial para el Directorio de Google	62
Los Grupos de Google	**62**
Navegar en los Grupos	63
Sintaxis especial de los Grupos de Google	65
Las Imágenes de Google	**68**
Sintaxis especial de las Imágenes de Google	70
Las News de Google	**71**
Versiones internacionales	72
Sintaxis especial de las News de Google	73
Sacar el máximo partido a las News de Google	74
Más allá de la Búsqueda de News de Google	75
Los catálogos de Google (sólo disponible en inglés)	**75**
Sintaxis especial de los catálogos de Google	78
Froogle (sólo disponible en *google.com*)	**79**
Navegar para comprar	80
Buscar para comprar	80
Sintaxis especial de Froogle	81
Añadir un establecimiento o tienda a Froogle	82

Herramientas del idioma	**82**
Utilizar las herramientas del idioma	83
Sacar el máximo partido a las Herramientas del idioma	85
Consultar el diccionario	**86**
Consultar el Phonebook (sólo para usuarios norteamericanos)	**88**
Sintaxis especial para el Phonebook de Google	88
Consultar el mercado bursátil	**92**
Buscar información bursátil más allá de Google	93
Más información bursátil con Google	94
Buscar archivos de artículos de prensa	**95**
Artículos de The New York Times	95
Artículos de revistas	96
Encontrar directorios de información	**97**
Etiquetas de título y comodines	97
Encontrar índices de búsqueda por materias	99
Encontrar definiciones técnicas	**100**
Terminología tecnológica	100
El glosario de Google	101
Investigar terminología con Google	101
Dónde ir además de a Google	102
Encontrar comentarios en weblogs	**103**
Encontrar weblogs	104
Utilizar las "palabras mágicas"	105
La barra de herramientas de Google	**106**
Googleando con bookmarklets	**109**

Parte V. Apéndice

Resumen de sintaxis   111

Fechas del calendario juliano   116

Índice alfabético   119

Google, Guía de bolsillo

Introducción

El éxito de Google™ en convertirse en el motor de búsqueda más utilizado es fantástico y no puede ignorarse fácilmente. La sencillez de Google, ejemplificada con su presencia visual en la Web, es sólo superficial. ¿Se ha parado alguna vez a preguntarse qué tipo de máquina hay debajo de esa serena página principal, esa máquina que continúa asombrando y sorprendiendo a aquellos que le piden que busque cosas para ellos? Cuando Google apareció en el mundo de las búsquedas, nos maravillamos de cómo parecía saber de forma instintiva qué era exactamente lo que buscábamos. Hoy, todo el mundo da esto por supuesto; es fácil olvidar la increíble potencia de este motor sólo porque Google "simplemente funciona".

Es probable que ya haya utilizado Google para realizar búsquedas en la Web. Y es posible que Google le haya ayudado a hacer justamente eso. Este libro trata de sacar el mayor partido a toda la potencia subyacente de Google, enseñándole cómo ser más preciso en señalar qué estamos buscando, aprendiendo cómo sacar el mayor partido a las palabras clave, descubriendo y sacando a la luz la, de alguna manera indocumentada, sintaxis especial que ofrece Google y ayudando a Google a encontrar aquello que estamos buscando.

Además, Google es mucho más que un simple motor de búsqueda. Google incorpora muchísimos elementos para ayudarnos a encontrar lo que queremos: herramientas del idioma, búsqueda en artículos de los grupos de noticias, barras de búsqueda, búsqueda de imágenes y mucho más.

A continuación mostramos un pequeño resumen de qué es lo que encontrará en este libro:

Parte I, *¿Qué podemos hacer con Google?*
La Parte I proporciona una visión de conjunto de los rasgos y características de Google. Describimos lo que es Google y lo que no es, y comenzamos desde lo más sencillo ofreciendo unos pocos casos prácticos que le servirán de inspiración.

Parte II, *Preguntar lo que queremos*
En la Parte II, aprenderemos cómo construir consultas para la búsqueda, sacando el máximo partido a la sintaxis especial de Google y a sus características avanzadas. También aprenderemos cómo sortear algunas de las restricciones que Google presenta en los criterios de búsqueda.

Parte III, *Entender los resultados*
Los resultados de Google ofrecen más de lo que podríamos esperar. Esta Parte III le ayudará a entender qué significan esos resultados y cómo sacar el mayor partido a la información que está manejando.

Parte IV, *Otras características y servicios de Google*
Seguramente no se habrá dado cuenta de la cantidad de posibilidades que Google ofrece. ¿Busca números de teléfono, información bursátil, noticias, imágenes o catálogos de contenidos? La Parte IV le mostrará la forma de usar Google para encontrar toda esta información y mucho más.

Parte V, *Apéndice*
La Parte V contiene dos secciones de referencia: un resumen de sintaxis y una discusión sobre las fechas del calendario Juliano.

Si este libro despierta su interés y desea obtener más información, consulte a su hermano mayor, *Google Hacks* (*http://www.oreilly.com/catalog/googlehks*), una recopilación de la fuerza profesional, mundo real y soluciones probadas a problemas que Google puede solucionar.

Convenciones utilizadas en este libro

Señalamos a continuación las convenciones tipográficas utilizadas en este libro:

Cursiva
Señala términos nuevos, URL, sitios Web, nombres y extensiones de archivos, trayectorias y directorios.

`Espaciado no proporcional`
Muestra los textos que deben teclearse de forma literal o exacta así como ciertas palabras clave específicas de la sintaxis de Google, el contenido de los archivos o la escritura de los comandos.

`Espaciado no proporcional en cursiva`
Muestra texto tecleado que debe sustituirse con valores proporcionados por el usuario.

Menús/Navegación
Los menús y sus opciones se señalan en el texto como Archivo/Abrir, Editar/Copiar, etc.

↵

Aparece en cortes de línea forzados e indica la continuación de una URL o un código.

NOTA

Indica un truco, sugerencia o nota general.

ADVERTENCIA

Señala una advertencia o peligro.

PARTE I

¿Qué podemos hacer con Google?

Si ha comprado este libro, es casi seguro que sabe qué es Google y que desea aprender más sobre cómo preguntar lo que desea y cómo entender lo que Google devuelve en respuesta. Si es así, éste es el libro perfecto para usted.

Pero antes de comenzar, es importante saber qué es Google y qué no es.

Qué no es Google

Internet no es una biblioteca. La metáfora de la biblioteca presupone tantas cosas (una fuente central de información, un personal asalariado que cataloga cuidadosamente el nuevo material que van recibiendo, la rigurosa adherencia a una ontología bien entendida) que intentar pensar en Internet como en una biblioteca puede ser engañoso.

Vamos a dedicar un momento a derribar esos mitos.

El catálogo de Google es un compendio de todo lo que hay en la red.
    Ningún motor de búsqueda (ni siquiera Google) lo conoce todo. Sencillamente, hay demasiado movimiento y fluye demasiado rápido como para mantenerlo completamente actualizado. De hecho, hay contenidos que Google decide no catalogar como películas, audio, animaciones en Flash e innumerables formatos de datos especializados.

Todo lo que hay en la Web merece credibilidad. Esto no es cierto. Hay mucha información en la red que es parcial, está distorsionada o se ha planeado, ya sea de forma intencionada o no, para ser errónea. Visite las páginas de referencia de las leyendas urbanas (Urban Legends, *http://www.snopes.com*) para obtener una muestra del tipo de leyendas urbanas y otras informaciones erróneas que se pasean por Internet.

Los filtros de contenidos le protegen del material ofensivo. Aunque el filtro de contenidos opcional que ofrece Google es bueno, no es, ciertamente, perfecto. En los resultados de su búsqueda puede toparse fácilmente con algún artículo ofensivo.

El índice de Google es una foto fija de la Web. Sencillamente, esto no puede ser así. El índice, como la Web en sí misma, tiene un flujo constante. Una cadena perpetua de redes que encuentran páginas nuevas, anotan los cambios e informan de las páginas que ya no están activas. Y la propia metodología de Google cambia y sus diseñadores y mantenedores aprenden constantemente. No se obceque en un camino de búsqueda concreto; hacer eso le privaría del beneficio de la evolución constante de Google.

Qué es Google

Hablando de forma general, podemos encontrar dos tipos de motores de búsqueda en Internet. El primero es el índice de búsqueda por materias. Este tipo de motor de búsqueda busca sólo en los títulos y descripciones de los sitios y no busca por páginas individuales. El segundo es el motor de búsqueda de texto completo, que usa "arañas" computerizadas para catalogar millones y, en ocasiones billones, de páginas. Estas páginas pueden buscarse por su título o su contenido, y permiten búsquedas mucho más concretas que las búsquedas por materias. Google es un motor de búsqueda de texto completo.

La forma en que la mayoría de las personas usan un motor de búsqueda es teclear un par de palabras clave y ver qué resulta. Aunque en ciertos campos puede reportar algunos resultados decentes, este método resulta cada vez menos efectivo conforme Internet va haciéndose más y más grande.

Para solucionar este problema, Google proporciona algunos elementos especiales de sintaxis (también referenciados como operadores de búsqueda avanzada) que ayudan al motor a entender qué es lo que se está buscando. La Parte II proporciona un detenido análisis de la sintaxis de Google y de cómo usarla de la mejor manera para guiar a Google en la búsqueda de lo que realmente se quiere. De forma breve:

Dentro de la página
Google admite una sintaxis que permite restringir la búsqueda a ciertos componentes de una página, como el título de la misma o la URL.

Tipos de páginas
Google permite restringir la búsqueda a un cierto tipo de páginas, como sitios Web dedicados a la educación (aquellos que terminan en *.edu*) o páginas que fueron catalogadas en un periodo de tiempo determinado.

Tipos de contenidos
Google puede tamizar los resultados para buscar por determinados tipos de archivos: documentos de Microsoft Word, hojas de cálculo de Excel y archivos PDF. Incluso se pueden encontrar páginas Web especializadas en XML, SHTML o RSS.

Colecciones especiales
Google tiene algunas propiedades de búsqueda más especializadas, pero algunas de ellas no son eliminadas del catálogo Web como se podría pensar. Usted puede controlar las nuevas historias e imágenes que se incluyen en el catálogo de Google, pero ¿qué sabe acerca de las búsquedas universitarias que contiene Google? ¿O sobre las búsquedas especiales que le permiten limitar la búsqueda por materia, BSD, Linux, Apple, Microsoft o el Gobierno de los EE.UU?

Estos elementos especiales de sintaxis no son excluyentes entre sí. Al contrario, es en sus posibles combinaciones donde reside la verdadera magia de Google. Buscar ciertos tipos de páginas dentro de las colecciones especiales o elementos específicos en algunos tipos de páginas concretos.

Si desea una frase que resuma este libro, quédese con ésta: las posibilidades son (prácticamente) infinitas. Este libro puede enseñarle técnicas, pero si sólo las aprende de memoria y nunca las aplica, éstas no le aportarán nada positivo. Experimente. Juegue. Mantenga sus requerimientos de búsqueda en mente e intente adaptar a sus necesidades los recursos que este libro le proporciona; construya una caja de herramientas de técnicas de búsqueda que funcione específicamente para usted.

Un ejemplo sencillo

Vamos a comenzar orientándonos con un sencillo ejemplo de búsqueda. La página principal de Google (que se muestra en la figura 1) no es tan sencilla como parece: un formulario de búsqueda que consiste en un único campo de texto y en un par de botones. Pero esa básica interfaz (tan atrayente por su simplicidad) contradice la potencia subyacente del motor Google y la abundancia de información a su disposición. Y si utiliza la sintaxis de búsqueda de Google a su máxima capacidad, la Web será un campo de investigación inagotable.

¿Qué hay en la página principal?

Figura 1. Página principal de Google

Para comenzar desde el principio, encontramos una caja de texto para introducir palabras clave. Aquí se pueden escribir no sólo las palabras clave que desea que Google busque sino también la sintaxis especial ya mencionada anteriormente y que se explicará en la Parte II.

Al lado de esta caja, hay enlaces para las búsquedas avanzadas que Google proporciona:

Búsqueda avanzada

La Búsqueda avanzada de Google va mucho más allá de las capacidades que ofrece la búsqueda sencilla y proporciona un potente formulario para búsqueda por fechas, para filtrado de datos y mucho más. Analizaremos las características de la Búsqueda avanzada en la Parte II.

Preferencias

Las Preferencias de Google ofrecen una sencilla y agradable forma de establecer sus preferencias de búsqueda desde ese momento en adelante. Le enseñaremos cómo en el apartado "Configurar Preferencias" de la Parte III.

Herramientas del idioma

En los primeros tiempos de la Web, parecía que la mayoría de las páginas estaban en inglés. Pero a medida que los países se fueron conectando, los materiales fueron estando disponibles en una gran variedad de idiomas, incluyendo lenguas como el Esperanto y el Klingon, que no se han originado en ningún país en concreto.

Google ofrece varias herramientas del idioma, como una de traducción y otra para elegir la lengua de la interfaz. La opción de la interfaz es mucho más completa que la de traducción, aunque esta última tiene también muchas posibilidades. La Parte IV le mostrará cómo usar estas herramientas del idioma, además de otros servicios y características.

A lo largo de la parte superior de la caja de texto, hay una serie de pestañas que proporcionan servicios adicionales de Google que van más allá de la búsqueda predeterminada.

Imágenes

La opción Imágenes de Google (*htttp://images.google.com* o *http://images.google.es*) ofrece un archivo de más de 400 millones de imágenes seleccionadas de sitios de toda la red. La variedad de imágenes es amplia en tamaño (desde un icono hasta un fondo de escritorio) y contenido (desde retratos hasta logos o mapas) y las opciones de búsqueda abundantes para ayudarnos a encontrar la más apropiada.

Grupos
> Usenet es una red global de grupos de discusión. La opción Grupos de Google (*http://groups.google.com* o *http://groups.google.es*) archiva las discusiones de Usenet desde hace 20 años y ha conseguido tener un archivo de más de 700 millones de mensajes.

Directorio
> El Directorio de Google (*http://directory.google.com* o *http://directory.google.es*) es un índice de búsqueda por materias basado en el Open Directory Project (*http://www.dmoz.org*). Su catálogo de sitios Web (no de páginas) es mucho más pequeño que el que ofrece la búsqueda en la Web pero es mucho más efectivo para las búsquedas generales. Google ha aplicado su algoritmo de popularidad a sus listas, de forma que los sitios más populares aparecen en la parte superior, creando así un índice bastante fiable de los asuntos más buscados de la red.

News
> Las News de Google (*http://news.google.com* o *http://news.google.es*) se extraen de forma continua de más de 4.500 fuentes de noticias y de los acontecimientos más recientes. Los titulares se organizan por tema, proporcionando una estupenda visión de conjunto del titular además de una gran variedad de puntos de vista sobre el mismo.

Examinaremos todas estas opciones en la Parte IV, además de aquellas que no tienen su propia pestaña en la página principal.

Vamos ahora a echar un rápido vistazo a una típica página de resultados, como la que se muestra en la figura 2.

Quizás piensa que una lista de resultados de búsqueda puede ser muy sencilla, ¿no?, ¿simplemente el título de la página con su enlace y quizás un resumen de la misma? No es así en Google. Google abarca tantas propiedades de búsqueda y tiene tal cantidad de datos a su disposición que rellena al máximo cada una de sus páginas de resultados. Dentro de un típico resultado de una búsqueda, podrá encontrar enlaces de patrocinadores, anuncios, enlaces a páginas bursátiles, tamaño de las páginas, sugerencias de ortografía y mucho más.

En la Parte III se explica cómo interpretar las páginas de resultados de Google y las URL y cómo configurar las preferencias para conseguir lo que nos interesa de lo que esas páginas contienen.

Figura 2. Una típica página de resultados de Google

Mejorar los resultados de Google

Vamos a terminar esta parte del libro con unos cuantos ejemplos sobre cómo saber un poco más sobre las facilidades de búsqueda de Google que mejoran notablemente los resultados de las consultas. Saber cómo ser específico con los criterios de búsqueda es esencial. Y es justo de eso de lo que trata este libro.

Caso A: Joseph Lomax, estudiante

Joseph utiliza la Web para investigar para un trabajo de historia de clase. Necesita encontrar toda la información posible sobre Julio César. Naturalmente, su primer intento es simplemente introducir:

    céser

Todos sabemos que no es la forma correcta de escribir "César" y Google lo sabe también.

Como es habitual, Google hace todo lo posible para proporcionarle a Joseph una respuesta a su consulta, ofreciéndole enlaces a un sitio Web que contiene la palabra que él ha tecleado y que resulta ser el nombre de un proyecto llevado a cabo por una institución de EE.UU.

Google también sugiere amablemente la forma correcta de escribir la palabra, como muestra la figura 3.

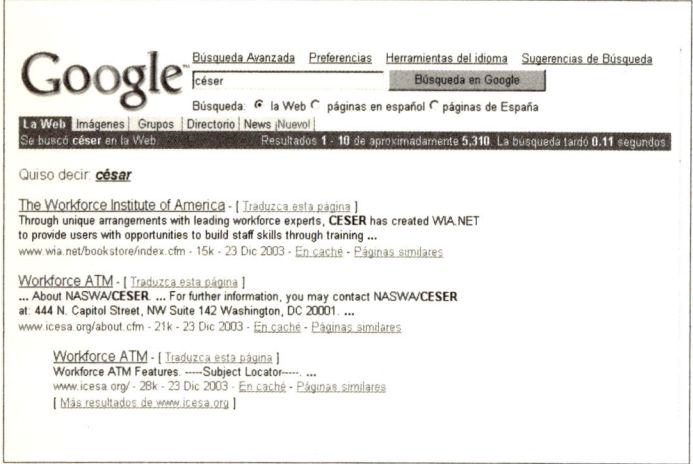

Figura 3. Google sugiere la forma correcta de escribir "César"

Haciendo clic en el vínculo de la palabra "césar" que le ofrece Google, Joseph se encuentra de nuevo en el buen camino.

Google responde con una serie de resultados que no son todo, o al menos no exactamente, lo que podríamos esperar o lo que nos gustaría. César es un nombre propio y nos ofrece cantidad de resultados que contienen dicho nombre, pero en las primeras páginas de resultados, nada relacionado con la figura del importante general romano.

Sin preocuparse especialmente, Joseph aplica los pocos conocimientos que de momento tiene sobre la sintaxis de Google y lo intenta de nuevo:

```
julio césar roma site:edu
```

¡Bingo! Diciéndole a Google que restrinja la búsqueda mediante su palabra clave para las instituciones dedicadas a la educación (aquellos sitios cuya URL termina en *.edu*), la proporción de sitios donde se habla del tema que Joseph busca se ha incrementado enormemente. Joseph puede comenzar ahora a sumergirse en los sitios que Google ha encontrado para él.

Caso B: Sabine Reitz, periodista

A Sabine le han encargado que descubra lo que se ha dicho últimamente sobre la plataforma SAP NetWeaver de la compañía de software ERP. Está escribiendo un artículo para una revista de negocios alemana y desea encontrar en Google los contenidos que busca en alemán.

Se da cuenta de que una simple búsqueda mediante una palabra clave no será suficiente y visita la página de Búsqueda avanzada de Google (*http://www.google.com/advanced_search* o *http://www.google.es/advanced_search*). Especifica los términos de su búsqueda:

```
SAP NetWeaver
```

Como sólo desea ver páginas que estén escritas en alemán, lo señala utilizando las opciones de idioma que ofrece Google. Al ser periodista, sólo está interesada en los contenidos más recientes por lo que únicamente pregunta por la información catalogada por Google en los últimos tres meses. Por último, está bastante segura de que la información que está buscando aparecerá en las dos primeras páginas de resultados por lo que configura el número de resultados que deben aparecer en cada página estableciendo un número de 20, lo cual le parece mejor que los 10 resultados que se dan de manera predeterminada. Los resultados de la búsqueda avanzada de Sabine aparecen en la figura 4.

Google ofrece un total aproximado de 3.000 resultados y, de hecho, los más relevantes aparecen en la primera página de resultados.

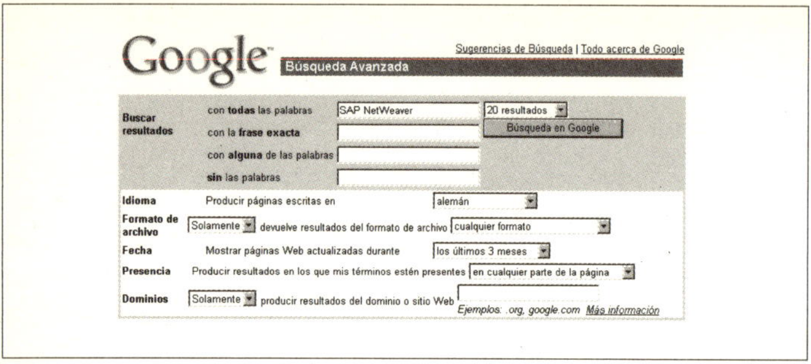

Figura 4. Una búsqueda avanzada de la información más reciente sobre "SAP NetWeaver" en lengua alemana

Sabine desea ir un poco más lejos. De hecho, le gustaría saber si algunos de esos resultados están en el formato de Microsoft PowerPoint para lo cual añade:

    filetype:ppt

a los términos de búsqueda incluidos en la caja de texto que se encuentra en la parte superior de la página de resultados y pulsa Intro de nuevo. Realmente, podría haber hecho lo mismo desde la página de Búsqueda avanzada utilizando el botón de lista Formato de archivo, pero toma un atajo porque ya está familiarizada con la sintaxis especial de Google.

Los resultados de Sabine se muestran en la figura 5.

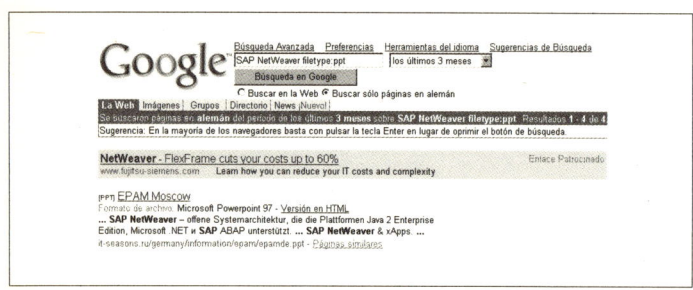

Figura 5. Resultados de la búsqueda del contenido más reciente sobre "SAP NetWeaver" en lengua alemana

Caso C: Dra. Katie Aston, dentista

La doctora Aston está intentando buscar asociaciones de dentistas. Utilizando los conocimientos que tiene (la URL de la British Dental Association – BDA), pide a Google que le muestre una lista de páginas relacionadas con la BDA:

related:www.bda-dentistry.org.uk

Google responde como es habitual, listando 25 sitios Web diferentes. Se da cuenta de que Google le ofrece un valor de Categoría para cada sitio y elige uno que le llama especialmente la atención: Health > Dentistry > Associations, y sigue el vínculo. Resulta ser un nodo dentro del Directorio Web de Google (ver figura 6) y contiene un montón de enlaces a asociaciones dentales. Lo ha conseguido.

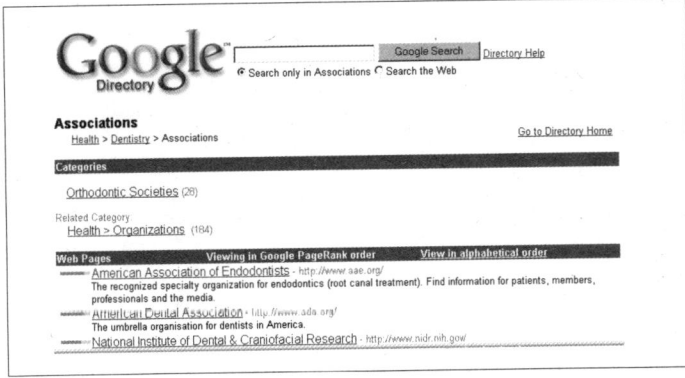

Figura 6. Resultados de sitios Web dentro del Directorio Web de Google

Si consigue combinar lo que sabe acerca de lo que está buscando con una buena comprensión de las herramientas que Google proporciona, entonces se encontrará en el camino adecuado para conseguir grandes experiencias de búsqueda y estupendos resultados con Google. Si la acción de simplemente "arrojar" los términos de búsqueda a Google resulta un extraño método de obtener bastante más de lo que desea, ¿por qué no aprovechar la potencia que esconde Google para profundizar más e ir aún más lejos?

PARTE II

Preguntar lo que queremos

La búsqueda en Google no tiene por qué consistir simplemente en introducir lo que estamos buscando en la caja de texto y esperar que suceda lo mejor. Google ofrece muchos caminos (por ejemplo, la sintaxis especial y las opciones de búsqueda) para definir los criterios de búsqueda y para especificar mejor qué es lo que estamos buscando. En esta parte del libro, nos sumergiremos en la potencia de Google, en su estupenda pero poco documentada sintaxis especial, en las opciones de búsqueda y en mostrar cómo sacar el mayor provecho de todo esto. Explicaremos los aspectos básicos de búsqueda de Google: los límites de las palabras, la sintaxis para casos especiales, la forma de combinar elementos de sintaxis, las técnicas avanzadas de búsqueda y el uso de vocabularios especiales como jergas o *slang*.

Los básicos de Google

Cuando buscamos más de una palabra clave a la vez, un motor de búsqueda tiene una estrategia predeterminada para manejar y combinar dichas palabras clave. ¿Pueden esas palabras aparecer de forma separada en cualquier sitio de la página o lo correcto es que aparezcan juntas? ¿Debe el buscador buscar ambas palabras o cada una de ellas por separado?

Búsqueda de frases

De manera predeterminada, Google busca las coincidencias de las palabras clave que se han especificado en cualquier sitio de la página, ya sea una al lado de la otra o en distintas ubicaciones de la misma. Si deseamos que las palabras aparezcan juntas en una página, debemos dejar que Google lo sepa poniéndolas entre comillas y convirtiendo así la búsqueda por palabras clave en una *búsqueda de frases*, para utilizar la terminología de Google.

Si realizamos una búsqueda por palabras clave:

```
ser o no ser
```

Google ofrecerá las coincidencias de esas palabras en cualquier parte de la página. Si lo que deseamos es que Google encuentre los lugares en que las palabras clave aparecen juntas formando una frase, debemos escribirlas entre comillas:

```
"ser o no ser"
```

y Google ofrecerá sólo los resultados en los que estas palabras aparecen juntas. (No vamos a hablar por ahora de la búsqueda de palabras como "o" y "no"; consulte la sección "Inclusión explícita" un poco más adelante).

Booleanos básicos

Tanto si el motor busca todas las palabras clave o sólo algunas de ellas, la respuesta es un valor booleano predeterminado. Los motores de búsqueda pueden atender al operador booleano "AND" (y) (que buscará todas las palabras clave) o al operador "OR" (o) (que buscará cualquiera de esas palabras).

De todas formas, incluso si un motor de búsqueda busca por defecto todas las palabras clave, normalmente podrá introducir un comando especial para indicarle que busque cualquiera de ellas. Pero el motor debe saber qué hacer en caso de no recibir instrucciones de ninguna clase.

El operador booleano predeterminado de Google es "y"; esto significa que si se introducen palabras sin modificadores, Google buscará todas esas palabras clave. Por ejemplo, si introducimos:

```
snowblower Honda "Green Bay"
```

Google buscará todas esas palabras. Si preferimos especificar que cualquiera de las palabras o frases incluidas en la consulta son aceptables para nuestra búsqueda, deberemos escribir un OR entre ellas:

```
Snowblower OR snowmobile OR "Green Bay"
```

Si deseamos buscar uno de los términos junto a uno u otro del resto de los términos, agrupamos estos últimos entre paréntesis:

```
Snowblower (snowmobile OR "Green Bay")
```

Esta pregunta buscará la palabra "snowmobile" o la frase "Green Bay" cuando aparezcan junto a la palabra "snowblower".

Un sustituto para el operador "OR", que tomamos prestado del lenguaje de programación, es la barra horizontal (|):

```
snowblower (snowmobile | "Green Bay")
```

Negación

Cuando deseemos especificar que uno de los elementos de la pregunta no debe aparecer en los resultados, introducimos justo delante el signo menos o un guión (-):

```
snowblower snowmobile -"Green Bay"
```

Esto conseguirá que se busque en páginas que contienen las palabras "snowblower" y "snowmobile" pero no la frase "Green Bay".

Hay que tener en cuenta que el signo menos (-) debe aparecer justo delante de la palabra o frase elegida. Si introducimos un espacio entre ellos, como se muestra a continuación, no funcionará como se espera:

```
snowblower snowmobile - "Green Bay"
```

Debemos asegurarnos, sin embargo, de que sí hay un espacio antes del guión o signo menos (-).

Inclusión explícita

De manera general, Google buscará todas las palabras clave o frases que se introduzcan (por supuesto, exceptuando aquellas que se haya especificado que no aparezcan mediante el uso del signo menos). Sin embargo, hay algunas palabras concretas que Google ignorará, palabras que son tan comunes y que normalmente no ayudan en la búsqueda. A estas palabras ("yo", "a", "la", "el" o "de") se les llama "términos superfluos" (o *stop words* en inglés).

Pero podemos obligar a Google a tomar uno de estos términos superfluos en cuenta para la búsqueda introduciendo delante del mismo el signo más (+):

```
+el rey
```

Los términos superfluos que aparecen dentro de una frase no son ignorados. Si se busca:

```
"el movimiento" glam
```

se obtendrá una lista de resultados más precisa que si se busca por:

```
el movimiento glam
```

simplemente porque Google toma en cuenta la palabra "el" en el primer ejemplo pero la ignora en el segundo.

Búsqueda sencilla y Voy a tener suerte™

El botón Voy a tener suerte™ es una maravilla. En lugar de ofrecer una lista de resultados en la cual elegir, Google le conduce a la que él cree que es la página más relevante de la búsqueda introducida (por ejemplo, el primer resultado de la lista). Si introducimos "washington post" y pulsamos el botón Voy a tener suerte™, nos llevará directamente a la dirección *http://www.washingtonpost.com*. Si introducimos la palabra "president", nos llevará a la página *http://www.whitehouse.gov*.

Sensibilidad tipográfica

Algunos motores de búsqueda tienen sensibilidad tipográfica (*case-sensitivity*); esto significa que en las búsquedas tienen en cuenta si lo tecleado está en mayúsculas o en minúsculas. La búsqueda de, por ejemplo, "GEORGE WASHINGTON" en uno de estos motores ignorará coincidencias como "George Washington", "george washington" o cualquier otra combinación de mayúsculas y minúsculas.

Google no tiene sensibilidad tipográfica. Aunque tecleemos "Árbol", "áRbol", "ÁRBOL" o "Árbol" obtendremos los mismos resultados.

Comodines de palabras completas

Algunos motores de búsqueda admiten una técnica llamada "lematización" (*stemming* en inglés). La lematización consiste en añadir un carácter comodín (que normalmente es el asterisco (*) aunque a veces es el signo de interrogación (?)) para ampliar la búsqueda, pidiéndole al motor que busque variantes de la pregunta utilizando el comodín como un sustituto del resto de la palabra. Por ejemplo, si busca "luna*", el motor encontrará también "lunas", "lunático" o "lunar".

Google no admite la lematización o *stemming*.

En lugar de esto, Google ofrece el comodín de palabras completas. Aunque no podemos utilizar un comodín que sustituya una parte de la palabra, sí podemos insertar un comodín (el comodín de Google es el asterisco (*)) en una frase para que éste sustituya a una palabra completa. Por ejemplo, si introducimos "libro * editado", Google devolverá "libro mejor editado", "libro recién editado" o "libro crítico editado".

¿Qué es lo mejor del comodín de palabras completas? Ciertamente, no es tan útil como la lematización, pero, por otra parte, no resulta tan confuso para un principiante. Un * es un sustituto para una palabra; dos ** significan dos palabras, etc.

El comodín de palabras completas resulta muy útil en las siguientes situaciones:

- Para evitar el límite de 10 palabras (consulte la siguiente sección "El límite de 10 palabras") en las consultas en Google. Nos encontraremos de forma frecuente en esta situación cuando intentemos encontrar letras de canciones o alguna cita. Si introducimos la frase "En un lugar de la Mancha de cuyo nombre no quiero acordarme", Google sólo buscará hasta la palabra "no" e ignorará todo lo que viene después.
- Comprobar la frecuencia de ciertas frases o derivados de frases como: intitle:"señor * anillos o el * de Sevilla (intitle: se describe más adelante en el apartado "Sintaxis especial").
- Llenar los espacios que no se recuerdan. Quizás sólo recordamos una pequeña frase de la letra de una canción; es mejor buscar

utilizando sólo lo que recordamos mejor que intentar reconstruir frases completas que no se recuerdan muy bien.

Vamos a poner como ejemplo una canción tan conocida como "La bamba" de Ritchie Valens. Consideremos la frase "Para subir al cielo, se necesita una escalera grande".

Quizás hayamos escuchado la letra de esta canción, pero no podemos recordar si "escalera" es la palabra correcta o si en su lugar iba cualquier otra. Si estamos equivocados (si la frase correcta fuera, por ejemplo, "Para subir al cielo, se necesita una silla grande"), la búsqueda no encontraría resultados correctos lo que le haría llegar a la triste conclusión de que nadie ha colgado en Internet la letra de esta canción.

La solución es formular la consulta introduciendo un comodín en el lugar de la palabra dudosa o desconocida:

```
"Para subir al cielo, se necesita, una * grande".
```

Puede utilizar esta técnica para citas, letras de canciones, poesía, etc. Sin embargo, deberemos mantener la mente abierta para incluir la parte suficiente de la cita que permita descubrir los resultados correctos. Buscar por palabras como "subir * cielo" nos conducirá a obtener muchos resultados irrelevantes.

El límite de 10 palabras

A menos que le tenga cariño a las preguntas largas y detalladas, seguro que no se habrá dado cuenta de que Google tiene un límite de búsqueda de 10 palabras (que incluye la combinación de palabras clave y de la sintaxis especial) y que ignora cualquier otra que se introduzca. Aunque esto no tiene ningún efecto real en los usuarios casuales de Google, los verdaderos cazadores de búsquedas encontrarán que este límite les corta totalmente las alas.

Sacar partido de las palabras poco comunes

Si limitamos la pregunta a la palabra clave o fragmento de la frase menos evidente o menos común, conseguiremos perfilar los resultados sin desperdiciar algunas valiosas palabras clave. Pongamos que nos interesa una frase de *El Quijote* de Cervantes: "que vivía un hidalgo de los de lanza en astillero". El primer impulso que posiblemente sentiremos será el de copiar la frase en el cuadro de texto, pero como ya tiene justo las 10 palabras que Google permite, no habrá espacio para palabras adicionales o sintaxis especial.

Lo primero es deshacerse de las tres primeras palabras "que vivía un" que pueden encontrarse en cualquier frase. Esto deja 7 palabras "hidalgo de los de lanza en astillero". Ni "hidalgo" ni "lanza" son palabras que utilicemos todos los días, por lo que tienen un aire cervantino que nos ayudará, lo que quiere decir que cualquiera de las dos será suficiente y reduciremos el número de palabras de la frase, con lo que podremos añadir otras si las necesitamos:

```
"hidalgo de lanza"
```

o

```
"de lanza en astillero"
```

Cualquiera de estas dos opciones nos proporcionarán, en los primeros cinco resultados, los orígenes de la frase y otros lugares donde encontrar mayor información.

Desafortunadamente, esta técnica no nos será de mucha utilidad en el caso de "Haz lo que digo, no lo que hago" que no proporciona ninguna palabra especialmente oscura o difícil. Podemos intentar dotar de mayor claridad a la frase añadiendo algo como "refranes y dichos populares castellanos" y todavía estaría dentro del límite de las 10 palabras. A continuación se describe una posible solución.

Jugar con el comodín

Obtendremos toda la ayuda necesaria a través del comodín de palabras completas de Google, ya que Google no cuenta el comodín dentro del límite de las 10 palabras.

Por ello, cuando deseemos hacer una búsqueda que contenga más de 10 palabras, podemos sustituir las palabras más comunes por comodines:

```
"haz * que digo no * que hago refranes * dichos populares castellanos"
```

¡Voila! Google hace la búsqueda sin ningún problema y obtendrá resultados muy ajustados a su búsqueda.

Sintaxis especial

Además de los básicos AND, OR y las búsquedas por frases, Google proporciona una sintaxis especial bastante amplia para ayudarnos a refinar nuestras búsquedas.

Como motor de búsqueda de palabras completas que es, Google cataloga páginas Web completas en vez de simplemente títulos o descripciones. Los comandos adicionales, llamados *sintaxis especial* u *operadores avanzados* permiten a los usuarios de Google buscar partes específicas de las páginas Web o ciertos tipos concretos de información. Esta función resulta realmente útil cuando se manejan más de 3 billones de páginas Web y hay que aprovechar cualquier oportunidad para restringir los resultados. Especificar que las palabras clave deben aparecer sólo en el título de la página o en la URL es un método magnífico para conseguir resultados más concretos sin que las palabras clave sean en sí mismas demasiado específicas. A continuación se describen los elementos de esta sintaxis especial, ordenados por sus usos y funciones más comunes.

NOTA

Algunos de estos elementos de sintaxis especial funcionan muy bien si se combinan entre ellos. Otros no lo hacen tan bien y algunos, de hecho, funcionan bastante mal. Para obtener una descripción detallada de lo que se debe mezclar y lo que no, consulte el apartado "Combinar la sintaxis".

---

intitle:

intitle: restringe la búsqueda a los títulos de las páginas Web. La variación allintitle: buscará páginas en las cuales todas las palabras especificadas aparecen en el título de la página. Utilizar allintitle: es básicamente lo mismo que poner intitle: delante de cada una de las palabras clave:

intitle:"george bush"

allintitle:"ayuda monetaria" economía

Quizás prefiramos evitar el uso de allintitle: ya que no funciona demasiado bien si se combina con otros elementos de sintaxis.

intext:

intext: busca sólo en el cuerpo de texto (por ejemplo, ignora los enlaces, las URL y los títulos de las páginas). Aunque sus usos son limitados, resulta perfecto para encontrar dentro del texto algunas palabras que son muy comunes en los textos de los enlaces o en las URL.

    intext:"yahoo.com"

    intext:html

También existe la variación allintext: pero de nuevo hay que decir que no funciona bien cuando se utiliza con otros elementos.

inanchor:

inanchor: busca el texto en los destinos de los enlaces que haya en una página. Un "anchor" o "ancla" es el texto descriptivo de un enlace. Por ejemplo, el anchor en el código HTML <a href="http://www.oreilly.com" >O'Reilly and Associates</a> es "O'Reilly and Associates".

    inanchor:"tom peters"

Como otros elementos del tipo in*:, también tiene la variación allinanchor:, que funciona de forma parecida (por ejemplo, todas las palabras clave especificadas deben aparecer en el texto descriptivo del enlace).

site:

site: limita la búsqueda a un sitio o al dominio de nivel superior. El buscador AltaVista tiene dos elementos distintos de sintaxis para esta función (host: y domain:), pero Google sólo posee uno para las dos cosas.

    site:loc.gov

    site:thomas.loc.gov

    site:edu

    site:nc.us

site: no es útil para encontrar una página situada en un nivel inferior del sitio principal (por ejemplo, en un subdirectorio como /fotos/album). Si buscamos una página que esté dentro del sitio principal de GeoCities, por ejemplo, en la dirección http://www.geocities.com/Heartland/Meadows/6485/ no podemos usar site:, ya que no obtendremos ningún resultado. Para este tipo de búsqueda, hay que utilizar inurl:.

inurl:

inurl: restringe la búsqueda a las URL de las páginas Web. Esta sintaxis suele funcionar muy bien en la búsqueda de páginas de ayuda, ya que éstas tienden a ser muy regulares en su composición. La variación allinurl: busca todas las palabras clave en la dirección URL, pero no funciona demasiado bien si se combina con otros elementos de sintaxis.

```
inurl:help
allinurl:search help
```

Podremos comprobar que utilizar inurl: en vez de site: tiene dos ventajas inmediatas:

- Podemos usar inurl: por sí mismo, sin necesidad de añadir otros elementos de sintaxis, algo que no permite hacer site:.
- Podemos utilizarlo para buscar subdirectorios.

> **NOTA**
> Mientras que Google ignora el prefijo http:// cuando se usa en una búsqueda con site:, los resultados dejan de ser efectivos cuando aparece en una consulta que incluya inurl:. Para conseguir resultados más satisfactorios, debemos asegurarnos de eliminar todos los prefijos en cualquier consulta en la que se utilice inurl:.

También podemos utilizar inurl: en combinación con site: para conseguir información sobre subdominios. Por ejemplo, ¿cuántos subdominios tiene realmente *oreilly.com*? No se podría obtener esta información con la fórmula site:oreilly.com ni tampoco utilizando sólo inurl:"*.oreilly.com (la razón es que esa consulta buscará también otras URL que contienen la cadena *oreilly.com* y que no pertenecen al sitio Web de O'Reilly).

Sin embargo, esta otra fórmula funcionará justo como queremos:

```
site:oreilly.com inurl:"*.oreilly" -inurl:"www.oreilly"
```

Esta fórmula le pide a Google que busque el dominio *oreilly.com* en los subdominios cuyas direcciones contengan la cadena *.oreilly*, pero que ignore las URL que contengan la cadena *www.oreilly* (ya que ya estamos suficientemente familiarizados con ese dominio en concreto).

link:

El uso de link: nos proporcionará una lista de páginas vinculadas a la URL especificada. Si introducimos link: www.google.com obtendremos páginas vinculadas a Google. No hay que preocuparse por incluir o no el prefijo http://; no es necesario y, de todas formas, si aparece Google lo ignorará. link: funciona igual de bien con URL "profundas" como *http://www.raelity.org/apps/blosxom* como con las de primer nivel.

cache:

cache: encuentra una copia de la página catalogada por Google aunque esa página ya no se encuentre disponible en su URL original o aunque haya cambiado completamente su contenido.

   cache:www.yahoo.com

Si Google devuelve un resultado que aparentemente tiene poco que ver con la pregunta formulada, es casi seguro que encontremos lo que estamos buscando en la última versión archivada en la caché de Google.

La caché de Google es particularmente útil para recuperar una versión anterior de una página que cambie con frecuencia.

daterange:

daterange: limita la búsqueda a una fecha o rango de fechas concreto en la que la página fue catalogada. Señalar que la búsqueda que se realiza con daterange: no tiene relación con cuándo se creó una página sino con cuándo fue catalogada por Google. Por ello, si una página se creó el 2 de febrero pero no se introdujo en Google hasta el 11 de abril, en la búsqueda con daterange: habría que usar esta última fecha.

Es importante recordar que Google recataloga las páginas. Que el rango de fechas cambie depende de si el contenido de la página ha cambiado. Por ejemplo, Google cataloga una página el 1 de junio y la recataloga el 13 de agosto, pero el contenido de la página no ha cambiado. La fecha a utilizar para una búsqueda que contenga daterange: será el 1 de junio.

Aunque la sintaxis daterange: funciona bien, Google no se responsabiliza de los resultados de este tipo de búsqueda. Por ello, si obtenemos algún resultado extraño, no podemos presentar una queja. Google preferiría que utilizáramos las opciones de rango de fechas que proporciona en su página de Búsqueda avanzada (consulte el apartado "Búsqueda avanzada"); desafortunadamente, la Búsqueda avanzada sólo nos permite restringir las opciones a los últimos tres o seis meses o al último año.

¿Por qué querríamos buscar utilizando daterange:? Hay varias razones:

- Restringe los resultados de nuestra búsqueda a los contenidos más actualizados. Google puede encontrar alguna página extraña y perdida y catalogarla una vez. Dos años después, esta página, que nunca se ha actualizado, todavía aparecerá en nuestros resultados. Limitar nuestra búsqueda al rango de páginas más reciente nos proporcionará sólo los resultados más actualizados.

- Nos ayuda a evitar acontecimientos recientes. Pongamos que el señor John Doe ha conseguido un récord mundial por comer perritos calientes e inmediatamente después rescatar a un bebé de un edificio en llamas. Menos de una semana después de que esto ocurra, los resultados de la búsqueda en Google van a estar relacionados con John Doe. Si buscamos información sobre otra persona llamada también John Doe, o sobre bebés o sobre incendios en edificios, podremos difícilmente librarnos de estos resultados.

  Sin embargo, podemos evitarlos estableciendo la sintaxis de rango de fechas antes de que ocurriera el récord de los perritos. Este método también es muy útil para evitar acontecimientos muy recientes que han recibido mucha cobertura en los medios de comunicación, como un crimen o un incendio forestal o eventos anuales de importancia nacional, como las elecciones o los Juegos Olímpicos.

- Nos permite comparar resultados en el tiempo. Por ejemplo, si deseamos buscar resultados sobre "Mac OS X" y "Windows XP" que hayan aparecido al mismo tiempo.

  Por supuesto, las búsquedas no son siempre perfectas ya que las fechas de catalogación cambian de forma constante. Pero normalmente funciona lo suficientemente bien para que nos resulte útil.

Utilizar la sintaxis daterange: es tan simple como:

daterange:fechainicio - fechafinal

La dificultad es que la fecha debe expresarse como una fecha del calendario Juliano, una cuenta continua de días desde el mediodía UTC (Tiempo Universal Coordinado) del 1 de enero del 4713 a.C. Por ejemplo, el 8 de julio de 2002 es la fecha juliana 2452463,5 y el 22 de mayo de 1968 sería

2439998,5. Además, Google no acepta los decimales con daterange:; sólo acepta números enteros: en el ejemplo anterior sería 2452463 ó 2452464 (dependiendo de si redondeamos hacia arriba o hacia abajo). Para obtener más información sobre estas fechas, consulte el Apéndice (Parte V).

NOTA

La sintaxis de daterange: obliga a que siempre especifiquemos la fecha de inicio y la de fin. Si estamos buscando un día concreto, sólo hay que utilizar la misma fecha juliana para la fecha de inicio y la de fin.

---

daterange: puede usarse con la mayoría del resto de elementos de sintaxis de Google, con la excepción de link:, que no funciona bien si se combina con otros elementos ni con las colecciones especiales de Google (por ejemplo, stocks: y phonebook:) descritas en la Parte IV.

daterange: consigue maravillas restringiendo los resultados de nuestras búsquedas. Vamos a ver un par de ejemplos.

Geri Halliwell dejó las Spice Girls sobre el 27 de mayo de 1998. Si deseamos conseguir información sobre la ruptura, podemos intentar realizar una consulta que abarque un rango de 10 días, desde el 25 de mayo hasta el 4 de junio. La consulta sería de la siguiente forma:

```
"Geri Halliwell" "Spice Girls" daterange:2450958-2450968
```

Cuando se hizo la consulta al escribir este libro, se obtuvieron unas dos docenas de resultados, que incluían algunas nuevas noticias sobre la ruptura. Si queremos encontrar fuentes menos formales, funcionará bien utilizar términos como Geri o "Spice picante" en lugar de "Geri Halliwell".

Este ejemplo es un poco simple, pero es válido para captar la idea. Cualquier acontecimiento que tenga una clara delimitación de fechas de antes y después del mismo (un evento, una muerte, un inesperado cambio en alguna circunstancia) se reflejará en una búsqueda por rango de fechas.

También podemos usar la fecha de un acontecimiento personal para modificar los resultados de una búsqueda más amplia. Por ejemplo, Sam Waksal, el Presidente (CEO) de ImClone, fue arrestado el 12 de junio de 2002. No es necesario buscar por el nombre para conseguir unos resultados muy ajustados de la fecha del 13 de junio de 2002:

```
imclone  daterange:2452439-2452439
```

De forma similar, obtendremos resultados muy distintos si buscamos utilizando imclone antes de la fecha 2452439. A modo de interesante ejercicio, vamos a intentar buscar resultados que reflejen el arresto pero fechándolos unos cuantos días antes:

```
imclone investigated daterange:2452000-2452435
```

Éste es un buen método para encontrar información o análisis que precedan al acontecimiento pero que proporcionen una buena fuente que puede explicar dicho acontecimiento. (Si no utilizamos la búsqueda por rango de fechas, normalmente esta información está enterrada bajo las últimas noticias del evento en sí mismo).

Pero, ¿cómo restringir los resultados de las búsquedas basadas en la fecha de creación del contenido?

Buscar por la fecha de creación del contenido

La búsqueda de materiales según la fecha de creación del contenido es difícil. No existe un formato de fecha estándar (como las del calendario Juliano), muchas personas no indican la fecha en sus páginas, algunas páginas no contienen información sobre la fecha en sus cabeceras y, además, algunos sistemas de gestión de contenidos incluyen de manera rutinaria la fecha del día actual, aumentando la confusión aún más.

Podemos ofrecer varias sugerencias para buscar contenidos por la fecha de su creación. Podemos intentarlo añadiendo a la consulta algunos formatos de fechas comunes. Si buscamos algo fechado en mayo de 2003, por ejemplo, podemos intentar añadir:

```
("mayo * 2003" | "mayo 2003" | 05/03 | 05/*/03)
```

(Recordemos que el carácter | representa el modificador OR). Sin embargo, una consulta como ésta sobrepasaría el límite de las 10 palabras; por ello, es mejor ser sensato y usar cada formato en consultas diferentes. Si alguna de ellas ofrece demasiados resultados, podemos restringir la búsqueda a la etiqueta title de la página, con el modificador intitle:.

Si creemos que realmente vamos a tener suerte, podemos buscar una fecha completa, como el 9 de mayo de 2003. La decisión a tomar es si usar el formato indicado en la línea superior u otra de sus muchas variantes: 9/5/2003, mayo 2003, 09/05/03, etc. La búsqueda por fecha exacta limita mucho los resultados y sólo debería usarse como último recurso.

Cuando utilicemos la búsqueda por rango de fechas, debemos ser flexibles en nuestra forma de pensar, haciendo búsquedas más generales que en otro tipo de consultas (porque la búsqueda por rango de fechas ya restringe sustancialmente los resultados) y siendo persistente porque incluir fechas y rangos de fechas distintos producirán resultados muy diferentes. Dicho esto, también seremos recompensados con conjuntos de resultados menos abundantes y centrados en acontecimientos y temas muy específicos.

filetype:

filetype: busca los sufijos o extensiones de los nombres de archivos.

Éstos son normalmente, que no necesariamente, diferentes tipos de archivos: filetype:htm y filetype:html nos proporcionarán diferentes grupos de resultados, aunque sean el mismo tipo de archivo. Podemos incluso buscar por los diversos generadores de páginas (como ASP, PHP, CGI, etc.) siempre que el sitio Web no los oculte mediante redireccionamiento o sistemas proxy (proxying). Google cataloga varios formatos diferentes de Microsoft que incluyen PowerPoint (*.ppp*), Excel (*.xls*) y Word (*.doc*).

```
"educar en casa" filetype:pdf
"indicadores económicos" filetype:ppt
```

related:

related: encuentra páginas relacionadas con la que hemos especificado. Éste es un buen método para encontrar categorías de páginas; una búsqueda de related:google.com nos devolverá una variedad de motores de búsqueda como HotBot, Yahoo! y Northern Ligth.

```
related:www.yahoo.com
related:www.cnn.com
```

Aunque es muy raro que ocurra, a veces sucede que no todas las páginas guardan relación con otras.

info:

info: proporciona una página de enlaces que contienen más información sobre una URL especificada. Esta información incluye un enlace al caché de la URL, una lista de páginas que enlazan con la URL, páginas relacionas con la URL y también páginas que contienen dicha URL.

```
info:www.oreilly.com
info:www.nytimes.com/technology
```

Debemos tener en cuenta que esta información dependerá de si Google ha catalogado la URL especificada; si no lo ha hecho, la información será, obviamente, mucho más limitada.

phonebook:

phonebook:, como podemos suponer, busca números de teléfono.

```
phonebook:John Doe CA
phonebook:John Smith NY
```

El comando phonebook está descrito con detalle en el apartado "Consultar el Phonebook", en la Parte IV.

Combinar la sintaxis

Hubo un tiempo en que en Google no se podían combinar los elementos de la sintaxis especial y sólo se podía utilizar uno en cada consulta. Y mientras Google ofrecía elementos de sintaxis especial cada vez más potentes, no poder combinarlos entre ellos limitaba mucho cualquier búsqueda.

Pero esto ya ha cambiado. Aunque todavía hay algunos elementos que no se pueden combinar, hay muchos de ellos que sí se pueden mezclar de muchas formas inteligentes y muy potentes. Una estudiada combinación de elementos puede hacer maravillas a la hora de restringir una búsqueda.

Cómo no se debe mezclar la sintaxis

Existen algunas reglas muy sencillas de seguir a la hora de combinar elementos de sintaxis:

- No se deben utilizar elementos de sintaxis que se anulen unos a otros, como:

    ```
    site:ucla.edu -inurl:ucla
    ```

    En este ejemplo estamos diciendo que queremos resultados que provengan de *ucla.edu* pero que los resultados de ese sitio Web no deben incluir la palabra "ucla". Obviamente, esta búsqueda no obtendrá muchas URL.

- No usar demasiado un mismo elemento de sintaxis:

    site:com site:edu

    Aunque creamos que estamos pidiendo resultados que provengan de sitios *.com* o *.edu*, lo que realmente estamos diciendo es que los sitios Web deben tener ambas terminaciones al mismo tiempo. Naturalmente, sólo se podrá obtener de un dominio un único resultado. Tomemos el ejemplo "universidad complutense" site:edu site:com. Esta búsqueda no nos devolverá ningún resultado. ¿Por qué? Porque ninguna página de resultados tienen los dominios *.edu* y *.com* al mismo tiempo. Si sólo queremos obtener resultados de dominios *.edu* y *.com* deberemos reformular la búsqueda de la siguiente forma:

    "universidad complutense" (site:edu | site:com)

    Con la barra vertical, lo que estamos especificando es que deseamos resultados que contengan dominios que terminen en *.edu* o en *.com*.

- No se deben usar los elementos allinurl: ni allintitle: cuando combinamos elementos de sintaxis. Es complicado no usarlos de manera incorrecta en una búsqueda combinada. Si no colocamos allinurl: en el lugar exacto, obtendremos resultados de búsqueda erróneos. Fijémonos en el siguiente ejemplo:

    allinurl:perl intitle:programming

    A primera vista, parece que estuviéramos buscando "perl" en la URL y la palabra "programming" en el título. Y es correcto, esta búsqueda funcionará correctamente. ¿Pero qué ocurre si desplazamos allinurl: hacia la derecha de la consulta?

    intitle:programming allinurl:perl

    Pues que esta búsqueda no producirá ningún resultado. Es mejor combinar inurl: con intitle: ya que no les afecta tanto el lugar en el que los coloquemos en la consulta.

    El mismo consejo es válido para allintext: y allinanchor:.

- No se debe utilizar demasiada sintaxis para intentar restringir al máximo los resultados, como en el siguiente ejemplo:

    title:agriculture site:ucla.edu inurl:search

Encontraremos que esta consulta es demasiado específica para obtener resultados útiles. Si estamos intentando buscar algo tan específico que necesitamos restringir nuestra consulta, es mejor construir la consulta poco a poco cada vez. Pongamos que deseamos encontrar bases de datos sobre plantas en la Universidad de UCLA. En vez de empezar con la consulta:

    title:plants site:ucla.edu inurl:database

Vamos a intentar algo más sencillo:

    databases plants site:ucla.edu

y después intentemos añadir los elementos de sintaxis a las palabras clave que ya hemos conseguido en los primeros resultados de búsqueda:

    intitle:plants databases site:ucla.edu

o

    intitle:database plants site:ucla.edu

Cómo combinar la sintaxis

Si lo que queremos es afinar los resultados de la búsqueda, nuestras mejores apuestas son los elementos de sintaxis intitle: y site:.

Títulos y sitios. Por ejemplo, pongamos que queremos hacernos una idea sobre las bases de datos que ofrece el Estado de Texas; podemos usar esta búsqueda:

    intitle:search intitle:records site:tx.us

Esta búsqueda producirá aproximadamente 50 resultados bastante satisfactorios. Y, por supuesto, podemos afinar aún más la búsqueda añadiéndole palabras clave:

    birth intitle:search intitle:records site:tx.us

No parece importar el hecho de que coloquemos palabras clave sencillas al principio o al final de la consulta. En el ejemplo se han puesto al principio porque era más fácil.

La sintaxis site:, a diferencia de otros motores de búsqueda, nos permite obtener algo tan general como un sufijo de dominio (site:es) o tan específico como un dominio o subdominio (filología site:ucm.es).

Por lo tanto, si estamos buscando resultados determinados de la Universidad Complutense, podemos utilizar la siguiente consulta:

intitle:filología site:ucm.es

y obtendremos aproximadamente 10 resultados.

Título y URL. Algunas veces queremos encontrar un tipo concreto de información pero no deseamos estrechar la búsqueda mediante el tipo, preferimos hacerlo por el tema de esa información (por ejemplo, buscamos alguna ayuda o motor de búsqueda). Ésta es la ocasión adecuada para buscar en las URL.

La sintaxis inurl: buscará una palabra o cadena de palabras en la URL, pero no podremos contar con que la encuentre dentro de una palabra más larga. Por ejemplo, si realizamos la búsqueda inurl:investigacion Google no encontrará páginas que contengan investigaciones pero sí encontrará páginas como *investigacion.org.mx*.

Pongamos que queremos encontrar información sobre biología, con una atención especial en la enseñanza; podemos intentar:

intitle:biologia inurl:didactica

Esta consulta nos proporcionará unos 400 resultados. El objetivo principal es conseguir un número de resultados que nos permita obtener lo que queremos pero que no sea tan amplio como para que nos sobrepase. Podemos encontrar que 400 resultados son demasiados pero podemos reducirlos introduciendo site: en la búsqueda y limitando los resultados a los sitios relacionados con la educación:

intitle:biologia inurl:didactica site:edu

Sin embargo, hay que tener en cuenta que no se deben combinar demasiados elementos de sintaxis ya que, como se ha mencionado anteriormente, si lo hacemos puede que no obtengamos ningún resultado en absoluto en vez de conseguir nuestro objetivo de restringir la búsqueda.

Los elementos de sintaxis antisociales

Los elementos antisociales de sintaxis son aquellos que no se deben combinar y que deben usarse de forma individual para conseguir el mejor resultado. Si intentamos mezclarlos con otros elementos, no obtendremos ningún resultado.

Los elementos de sintaxis que se utilizan para buscar información especial (stocks:, rphonebook:, bphonebook:, y phonebook:, consulte la Parte IV para conocer más detalles) son todos antisociales. Esto significa que no podemos combinarlos y esperar obtener algún resultado razonable.

El otro elemento de sintaxis antisocial es link:. La sintaxis link: nos muestra qué páginas contienen un enlace a la URL especificada. ¿No sería fantástico que pudiéramos señalar de qué dominios deseamos que provengan esas páginas? Pues lo sería, pero lo sentimos, no es posible. El elemento link: no combina con ningún otro, ni siquiera con sencillas palabras clave.

Por ejemplo, pongamos que queremos saber qué páginas enlazan con O'Reilly & Associates, Inc., pero no deseamos incluir en la búsqueda páginas que contengan el dominio *.edu*. La consulta link:oreilly.com -site:edu no funcionará bien porque la sintaxis link: no puede trabajar adecuadamente si se combina con otros elementos. Bueno, esto no es del todo correcto. Obtendremos algunos resultados que contengan la frase "link:www.oreilly.com" y que no se encuentren dentro de un dominio *.edu*.

Si deseamos buscar enlaces y excluir de la búsqueda el dominio *.edu*, no existe un único comando que funcione de manera apropiada. Sin embargo, éste sería un buen intento:

```
inanchor:oreilly -inurl:oreilly -site:edu
```

La consulta anterior buscará la palabra "oreilly" en el texto del enlace, es decir, el texto que se utiliza para definir los enlaces. Excluye de los resultados las páginas que contengan "oreilly" (por ejemplo, *oreilly.com*). Y finalmente, excluye aquellas páginas cuyo dominio sea *.edu*.

Pero este tipo de búsqueda no produce una aproximación suficientemente completa. Sólo encontrará aquellos enlaces a O'Reilly que incluyan la palabra "oreilly", por lo que si alguien crea un enlace como `<a href="http://perl.oreilly.com/">Camel Book</a>`, la consulta precedente no lo encontrará. Además, existen otros dominios que contienen la cadena "oreilly" y puede haber dominios que enlacen con "oreilly" y contengan la cadena "oreilly" pero que no sean *oreilly.com*. Podemos entonces alterar levemente la cadena para que omita el sitio *oreilly.com* pero para que permita otros sitios que contengan la cadena "oreilly".

```
inanchor:oreilly -site:oreilly.com -site.edu
```

Sin embargo, con ella todavía se incluirían muchos sitios de O'Reilly (*XML.com* y *MacDevCenter.com*, por ejemplo) que no pertenecen a *oreilly.com*.

Todas las posibilidades

Aunque es posible apuntar en este libro cada una de las combinaciones de sintaxis y explicar brevemente su utilidad, tampoco hay sitio para mucho más.

Hay que experimentar. Experimentar todo lo posible. Hay que pensar constantemente que estos elementos de sintaxis son muchos y que conseguiremos mucho más combinándolos que usando uno de ellos cada vez.

Dependiendo del tipo de búsqueda que estemos realizando, aprenderemos diferentes estructuras para cada una de las ocasiones. Por ejemplo, podemos descubrir que centrándonos sólo en los documentos PDF (`filetype:pdf`) encontramos los resultados que necesitamos. También podemos concentrarnos en tipos concretos de archivos dentro de dominios específicos (`filetype:ppt site:tompeters.com`). Combinando la sintaxis de todas las maneras posibles y adecuadas para nuestras investigaciones, observaremos con satisfacción cómo obtenemos magníficos resultados.

Como ocurre con cualquier otra actividad, cuánto más utilicemos la sintaxis especial de Google, más sencilla nos resultará. Y Google está constantemente añadiendo nuevos elementos para el deleite de los peinadores habituales de la Web.

Si, sin embargo, lo que queremos obtener es algo más estructural y visual que una simple línea de consulta, lo adecuado es utilizar la Búsqueda avanzada de Google.

Búsqueda avanzada

La sencilla búsqueda predeterminada de Google nos permite hacer bastantes cosas, pero no todo lo que nos gustaría. La página de Búsqueda avanzada de Google (*http://www.google.com/advanced_search* o *http://www.google.es/advanced_search*), que se muestra en la figura 7, proporciona más opciones tales como la búsqueda por fecha o las opciones de búsqueda tipo "rellene el espacio en blanco" para aquellos que no están acostumbrados a memorizar elementos de sintaxis.

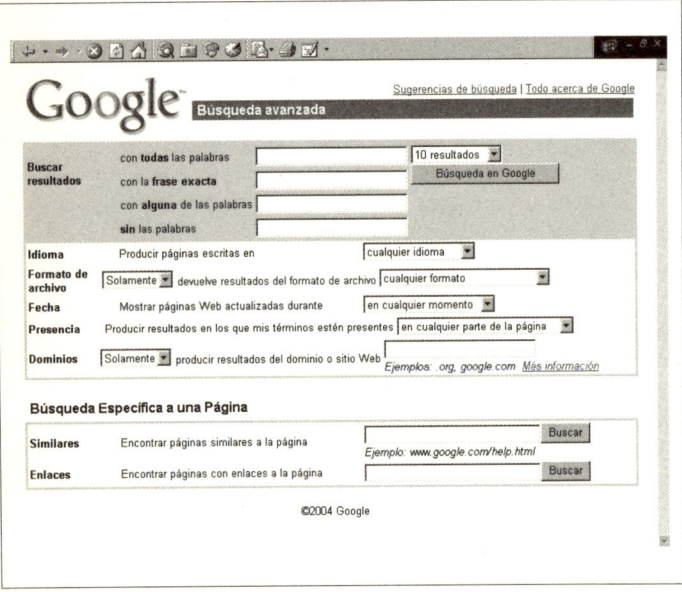

Figura 7. Página de Búsqueda avanzada de Google

La mayoría de las opciones que presenta esta página se explican por sí solas, pero daremos un rápido repaso a todos los tipos de búsqueda que la interfaz de búsqueda simple no permite llevar a cabo con facilidad.

Palabras de la consulta

Debido a que Google utiliza el boleano AND de forma predeterminada, a veces resulta difícil establecer los matices exactos de la consulta que deseamos realizar. Utilizando las cajas de texto de la parte superior de la página de Búsqueda avanzada, podemos especificar las palabras que deben incluirse (frase exacta, con todas las palabras, con alguna de las palabras) y las que deben excluirse.

Idioma

Mediante el cuadro de lista Idioma, podemos especificar el idioma de las páginas de los resultados de la búsqueda, desde el árabe hasta el turco.

Formato de archivo

La opción Formato de archivo nos permite incluir o excluir diferentes formatos de archivo como Microsoft Word y Excel. Hay también un par de formatos de Adobe (PDF es el más relevante) y la opción de formato RTF. Es aquí donde la Búsqueda avanzada está más limitada; en realidad, hay docenas de tipos de archivo que Google puede buscar y este conjunto de opciones representa una parte muy pequeña. Para buscar el resto, podemos utilizar el elemento de sintaxis filetype:, que hemos descrito anteriormente en el apartado "Sintaxis especial".

Fecha

La opción Fecha nos permite especificar si deseamos que los resultados de la búsqueda se hayan actualizado en los últimos tres meses, seis meses o un año. Esta forma de búsqueda por fechas es mucho más limitada que la que se realiza con daterange:, con la que obtenemos resultados ajustados, por ejemplo, a un día concreto, pero Google responde de los resultados generados utilizando la opción Fecha, mientras que el uso de daterange: puede considerarse "no oficial".

Presencia

Mediante el cuadro de lista Presencia, podemos especificar en qué parte de la página deben aparecer los términos que buscamos. Las opciones que ofrece reflejan aproximadamente las que podemos utilizar con la sintaxis allin*:: en el título de la página (allintitle:), en el contenido de la página (allintext:), en la dirección de la página (allinurl:) y en los vínculos de la página (allinanchor:).

Dominios

La opción Dominios realiza la misma función que la sintaxis site:. También permite la exclusión, explicada anteriormente, que especifica que no deseamos resultados de un dominio o sitio concreto.

Búsqueda segura (Safe Search)

La Búsqueda avanzada de Google nos permite además filtrar los resultados utilizando la opción SafeSearch. Esta opción sólo filtra el contenido explícitamente sexual (a diferencia de otros sistemas de filtrado que también criban la pornografía, material violento, información sobre apuestas, etc.). Pero hay que recordar que el filtrado no es 100% perfecto. (Esta opción sólo está disponible en la versión de Google en inglés: *www.google.com*).

Propiedades adicionales de Google

El resto de la página proporciona formas de búsqueda definidas para otras propiedades de Google, como la búsqueda de noticias (news), la búsqueda específica de una página y enlaces a algunas de las búsquedas por temas específicos que ofrece Google. La búsqueda de noticias y las búsquedas por temas funcionan de forma independiente del formulario de Búsqueda avanzada de la parte superior de la página.

La página de Búsqueda avanzada es útil cuando necesitamos utilizar sus propiedades concretas o cuando nos resulta difícil construir alguna consulta complicada. Su interfaz del tipo "rellene los espacios en blanco" le resultará muy práctica a quien haga búsquedas ocasionalmente o a quien desee realizar una búsqueda avanzada exacta. Dicho esto, en otros aspectos resulta limitada: es difícil combinar sintaxis o construir una consulta de sintaxis sencilla usando OR. Por ejemplo, no hay forma de buscar site:edu OR site:org mediante la Búsqueda avanzada. Esta búsqueda deberá hacerse desde la página principal de Google.

De todas formas, Google nos ofrece otra forma de modificar nuestros resultados de búsqueda que no es ni la búsqueda básica ni la página de Búsqueda avanzada. Hablamos de la página de Preferencias, que se describe en "Establecer Preferencias" en la Parte III.

Vocabulario especializado: argot y terminología

Cuando un adolescente dice que algo es "guay" esta palabra pertenece a su jerga, un vocabulario específico de un cierto grupo de la sociedad. Cuando un publicista garabatea una marca en un anuncio, esto no es jerga pero también pertenece a un vocabulario especializado para un grupo de personas de nuestra sociedad, en este caso, la industria de la publicidad.

Todos tenemos estructuras de discurso distintivas que están moldeadas por nuestra educación, nuestra familia y por el lugar donde vivimos. Además, utilizamos ciertos conjuntos de palabras pertenecientes a nuestro oficio.

Tener en cuenta todo ese vocabulario específico puede marcar una diferencia en nuestro proceso de búsqueda. Si añadimos palabras especializadas a nuestra consulta (ya sea pertenecientes a una determinada jerga o a vocabulario profesional) puede cambiar de forma significativa las características de nuestros resultados.

Jergas

Las jergas nos proporcionan una nueva forma de dividir los resultados de nuestra búsqueda por distintas áreas geográficas. Hay cierta imprecisión geográfica cuando utilizamos las jergas para afinar los resultados de las búsquedas, pero es asombroso lo bien que funciona. Por ejemplo, buscamos en Google fútbol. Ahora busquemos fútbol crack. Los resultados son totalmente diferentes.

Si buscamos football y después football bloke, también obtendremos resultados distintos y mas aún si añadimos football bloke bonce, ya que obtendremos resultados relacionados con el fútbol europeo.

Por supuesto, no es necesario especificar que en Gran Bretaña se usa mucho más la palabra "bloke" mientras que en el sur de EE.UU. se utiliza "y'all". Pero añadir palabras de argot bien elegidas (lo que lleva algún tiempo de experimentación) dará un matiz diferente a los resultados de nuestras búsquedas y nos llevará por caminos inesperados. Podemos encontrar términos de jergas y argot en las siguientes fuentes:

The Probert Encyclopedia-Slang
En este sitio se puede navegar por orden alfabético o buscar por palabras clave. (La búsqueda por palabra clave abarca la enciclopedia completa y los resultados de jerga suelen mostrarse al final de la misma). La jerga está recopilada de prácticamente todos los lugares del mundo. Frecuentemente, hay referencias cruzadas, sobre todo en los términos relacionados con las drogas. Como en casi todos los diccionarios de *slang*, el sitio contiene materiales que pueden resultar ofensivos.
http://probertencyclopaedia.com/slang.htm

Un diccionario de Slang
Este sitio se centra en las jergas que se utilizan en el Reino Unido, aunque también incluye vocabulario de otros lugares. Es navegable por orden alfabético o mediante un buscador. Las palabras procedentes de fuera del Reino Unido llevan el nombre de su lugar de origen entre paréntesis. Las definiciones también indican el uso específico de la palabra: coloquial, humorístico, despectivo, etc.
http://www.peevish.co.uk/slang/

Navegar en busca de jergas
Por supuesto, cada zona del mundo tiene sus jergas propias. Este sitio proporciona una excelente lista de fuentes de jergas inglesas, australianas, caribeñas, escandinavas, etc.
http://www.spraakservice.net/slangportal/

Comenzamos introduciendo en Google nuestra consulta sin utilizar argot. Después, comprobamos los resultados y decidimos en qué se están quedando cortos. ¿Son lo suficientemente específicos? ¿No están localizados en el área geográfica correcta? ¿Cubren el grupo demográfico concreto, como, por ejemplo, el de los adolescentes?

Introducimos una palabra de jerga cada vez. Por ejemplo, para realizar una búsqueda de fútbol, añadamos la palabra crack y comprobemos los resultados. Si no son suficientemente específicos, añada "mediático". Añadamos una palabra cada vez hasta obtener los resultados concretos que deseamos. El uso de las jergas no es una ciencia exacta, por lo que requiere un poco de experimentación.

A continuación, ofrecemos unos cuantos consejos que deben tenerse en cuenta cuando se usen palabras de jerga o argot en las búsquedas:

- Probar muchas palabras de argot distintas.
- No utilizar palabras de jerga que puedan considerarse ofensivas excepto como último recurso. Los resultados estarían distorsionados.
- Ser cuidadoso al utilizar la jerga de los adolescentes ya que cambia constantemente.
- Buscar palabras de jerga al utilizar los Grupos de Google ya que aparecen frecuentemente en las conversaciones.
- Minimizar las búsquedas de jergas cuando se busca en fuentes formales como artículos de prensa.
- Si se puede evitar, no utilizar frases hechas; según nuestra experiencia, las jergas cambian con demasiada frecuencia como para que la búsqueda sea consistente. Es mejor buscar palabras concretas que frases.

Vocabulario especializado. Argot profesional

Los vocabularios especializados son aquellos que se usan en algún sector profesional o industria concreta. La medicina o el derecho son buenos ejemplos de vocabularios especializados, aunque hay otros muchos.

Pensamos en vocabulario especializado cuando queremos buscar con la mayor profundidad o lo más técnico o lo más específico. Por ejemplo, busquemos en Google acidez. Después, busquemos acidez

GERD. Por último, busquemos acidez GERD "ácido gástrico". Comprobaremos que cada una de las búsquedas ofrece resultados muy diferentes.

En ciertos campos, encontrar fuentes de vocabulario especializado será un proceso instantáneo. Pero en otros casos no resulta tan sencillo. Como un buen punto de partida, podemos probar el sitio Glossarist (*http://glossarist.com*); es un índice de búsqueda por materias que incluye aproximadamente 6.000 glosarios que abarcan docenas de materias diferentes. También existen otros recursos online que cubren ciertos vocabularios específicos. Algunos ejemplos son:

The On-Line Medical Dictionary
   Este diccionario contiene vocabulario relacionado con bioquímica, biología celular, química, medicina, biología molecular, física, biología vegetal, radiobiología, ciencia y tecnología y en la actualidad contiene aproximadamente 46.000 definiciones.

   En este diccionario se puede navegar por índice alfabético o por palabra clave. A veces buscamos un palabra que sabemos y encontramos otro término usado de forma más común en la terminología médica. También se puede navegar por tema. Hay que tener en cuenta que este diccionario es inglés británico y que algunas palabras pueden escribirse de forma ligeramente diferente en inglés americano ("tumour" frente a "tumor", etc.).

   http://cancerWeb.ncl.ac.uk/omd

MedTerms.com
   MedTerms.com contiene muchas menos definiciones (alrededor de 10.000) pero también incluye extensos artículos de MedicineNet. Si en nuestra investigación comenzamos totalmente desde cero y necesitamos alguna información y vocabulario básico para empezar, lo ideal es buscar el término en MedicineNet y después ir a MedTerms.com para realizar una búsqueda por palabras específicas.

   http://www.medterms.com/

Law.com's legal dictionary
   Es un diccionario excelente porque podemos buscar palabras o definiciones y también podemos navegar. Por ejemplo, podemos

buscar definiciones de la palabra *inheritance* y obtener una lista de las entradas que contienen la palabra "inheritance". Éste es un método sencillo para encontrar artículos que incluyan una determinada palabra sin conocer la ruta exacta.

htttp://dictionary.law.com/lookup2.asp

De la misma forma que ocurre con las jergas, es necesario añadir el vocabulario especializado lentamente (una palabra cada vez) y contar con que este método afinará nuestros resultados con rapidez. Por ejemplo, tomemos la palabra "barrenar", que se usa frecuentemente relacionada con las perforaciones petroleras. Buscar sólo barrenar arrojará 700 resultados aproximadamente; pero si buscamos "barrenar petróleo" obtendremos unos 40 resultados, lo que nos situará más cerca de lo que queremos. Hay que añadir el vocabulario especializado de forma cautelosa o la búsqueda se dirigirá hacia lugares donde nunca podremos encontrar lo que estamos buscando.

PARTE III

Entender los resultados

¡Caramba! En este momento debería estar bastante claro que una sencilla interfaz como la que Google ofrece en su página principal no implica necesariamente una potencia limitada. Pero aún hay mucho más. Ahora que ya conocemos todas las herramientas, los trucos y las técnicas que nos ayudan a indicarle a Google lo que queremos antes de sumergirnos en las profundidades del contenido de la Web, es el momento de centrar nuestra atención en entender los resultados que Google nos devuelve.

En esta parte del libro, nos centraremos en conseguir que Google recuerde cómo deseamos que presente los resultados y en cómo interpretar la lista de resultados que se presenta en las distintas páginas. También haremos una pequeña incursión en el mundo de las URL de Google y en cómo utilizarlas en nuestro provecho. Finalmente, trataremos la insistente predilección de Google por la correcta ortografía.

Establecer Preferencias

La página de Preferencias de Google, que se muestra en la figura 8, proporciona un sencillo y agradable método para configurar nuestras preferencias de búsqueda desde este momento en adelante.

Idioma de la interfaz

Podemos establecer el idioma de la interfaz, lo que incluye los consejos y mensajes que se muestran. La elección de idiomas va desde el afrikaans hasta el zulú con muchas opciones extrañas como el Bork, bork, bork (la jerga que habla el cocinero sueco de los Muppets), Elmer Fudd y "latín sucio" añadidos por diversión.

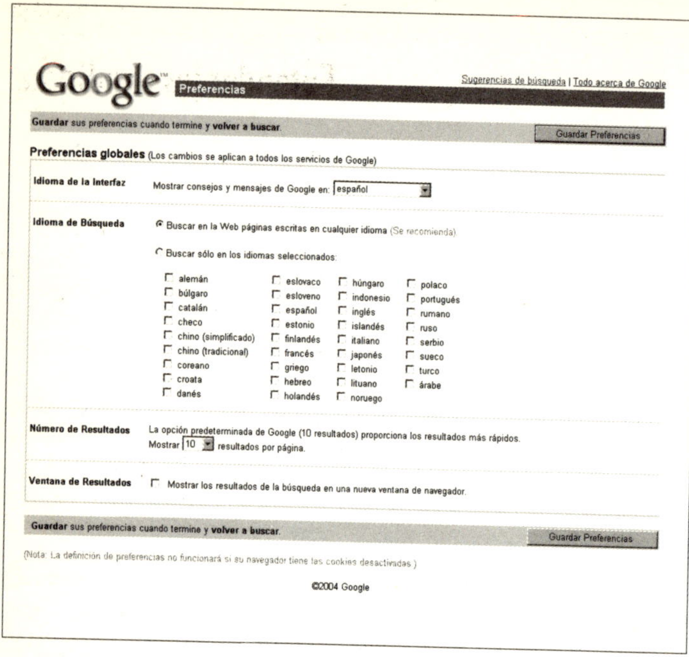

Figura 8. La página de Preferencias de Google

Idioma de la búsqueda

El Idioma de la búsqueda, que no debe confundirse con el Idioma de la interfaz, sirve para señalar los idiomas de las páginas en las que queremos buscar dentro del catálogo de Google. La opción predeterminada es la búsqueda en cualquier idioma, pero nos puede resultar útil tener la posibilidad de restringir los resultados a páginas en chino, japonés, francés, alemán y español (o varios de ellos).

Filtro para búsquedas seguras

El filtro para búsquedas seguras (SafeSearch Filtering) de Google (opción sólo disponible en *google.com*) nos proporciona un método para evitar en nuestras búsquedas resultados que pueden ofender nuestra sensibilidad. Si elegimos la opción No filtering (ningún filtro) significa que los resultados abarcarán todo el catálogo de páginas de Google. Moderate filtering (filtro moderado) excluye imágenes explícitas pero no lenguaje explícito. Strict filtering (filtro estricto) filtra tanto imágenes como texto. La opción predeterminada es el filtro moderado.

Número de resultados

Por defecto, Google ofrece 10 resultados por página. Para obtener más resultados, debemos hacer clic en los enlaces "Página de resultados: 1, 2, 3..." que aparecen al final de cada página de resultados o simplemente hacer clic en el enlace "Siguiente".

Podemos especificar el número de resultados que deseamos que se muestren por página (10, 20, 30, 50 ó 100) además de si preferimos que se muestren en la ventana actual o en una nueva ventana del navegador.

Preferencias para investigadores

Si el propósito de nuestra búsqueda es la investigación, lo mejor es obtener el mayor número de resultados posible en la página. Al ser sólo texto, a la página no le llevará mucho más tiempo cargar 100 resultados que cargar 10. Si disponemos de un equipo con suficiente memoria, también es útil que los resultados se muestren en una ventana nueva, lo que nos permitirá mantener la primera página de búsqueda y tener una ventana con los resultados de la búsqueda disponible de forma constante.

Si no es estrictamente necesario, es mejor no activar el filtro o, al menos, elegir el filtro moderado en vez del estricto. El filtrado no es perfecto y, desafortunadamente, a veces puede hacernos perder algún resultado valioso. Esto sucede especialmente cuando hacemos una búsqueda que contenga una palabra que pueda filtrarse con facilidad, como "cáncer de pecho".

A menos que estemos completamente seguros de que siempre queremos buscar en el mismo idioma, recomendamos no establecer preferencias al respecto en esta página. Como opción alternativa, es mejor modificar nuestras preferencias de idioma utilizando las Herramientas del idioma (consulte la Parte IV).

Con la búsqueda sencilla, la avanzada y las preferencias tenemos todas las herramientas necesarias para construir una consulta en Google que se adapte a nuestros propósitos particulares.

ADVERTENCIA

De poco nos servirán las preferencias de Google si las cookies están desactivadas en nuestro navegador, ya que tendremos que volver a establecerlas cada vez que utilicemos el buscador. Si no podemos aceptar cookies y deseamos usar las preferencias, es mejor considerar la opción de hacer un formulario de búsqueda personalizado.

Anatomía de los resultados de la búsqueda

Podríamos pensar que una lista de resultados es bastante clara, ¿no?, simplemente el título de la página, un enlace y, a veces, un resumen. Pues en Google no es así. Google abarca tantas propiedades de búsqueda y tiene tantos datos a su disposición que completa al máximo cada una de las páginas de resultados. Dentro de una típica página de resultados, podemos encontrar enlaces de patrocinadores, anuncios, enlaces a páginas de índices de valores bursátiles, tamaño de las páginas, sugerencias ortográficas y mucho más.

Conocer todos los pequeños detalles de qué es cada cosa en una página de resultados nos permitirá tener algunas intuiciones ("Guau, esta página que enlaza con la mía es muy larga; quizás es una lista de enlaces") y saltarse ciertas barreras ("No puedo encontrar el término que busco en esta página. Comprobaré la versión que Google tiene en su caché").

Vamos a utilizar la palabra "flores" para examinar esta anatomía. La figura 9 muestra la página de resultados de la búsqueda de flores.

En primer lugar, observamos que en la parte superior de la página hay una selección de pestañas que nos permiten repetir la búsqueda en otras categorías de Google además de la de páginas Web y que incluyen los Grupos, las Imágenes o el Directorio (todas se describen en la Parte IV). Debajo de éstas, podemos ver el número encontrado de resultados totales y cuánto tiempo ha tardado la búsqueda: aproximadamente 1.880.000 resultados en 0.09 segundos, como muestra la figura 10.

Figura 9. Página de resultados de "flores"

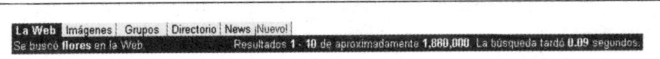

Figura 10. Pestañas de búsqueda de Google y cuenta de resultados

Algunas veces, encontramos ciertos resultados o sitios resaltados con una sombra de color en la parte superior de la página o a la derecha de la misma (observe la figura 11). Se llaman Enlaces patrocinados (es decir, anuncios). Google sigue la política de distinguir claramente los anuncios e insertarlos en la página en modo texto en vez de lanzar banners luminosos como hacen otros muchos sitios.

Debajo de los enlaces patrocinados en ocasiones encontramos una lista de categorías. La categoría que se muestra para "flores" es, como se puede ver en la figura 12, World > Español > Países > Uruguay > Departamentos > Flores. Sólo aparecerá una lista de categorías en las búsquedas de términos muy generales y sólo cuando la búsqueda sea de una sola palabra. Por ejemplo, si buscamos flores rojas Google no mostrará la categoría de flores.

Enlaces patrocinados
Flores
Expresa tus sentimientos
Díselo con flores con Interflora
www.interflora.es
Interés:
Flores
Entrega en el mismo dia. Garantia
100%. Flores y Plantas desde 1914!
www.jardinesexoticos.com
Interés:

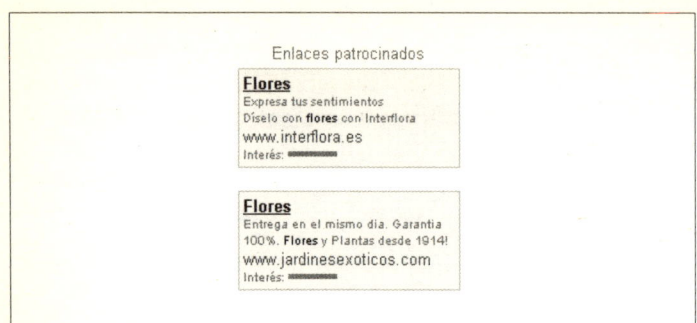

Figura 11. Enlaces de patrocinadores

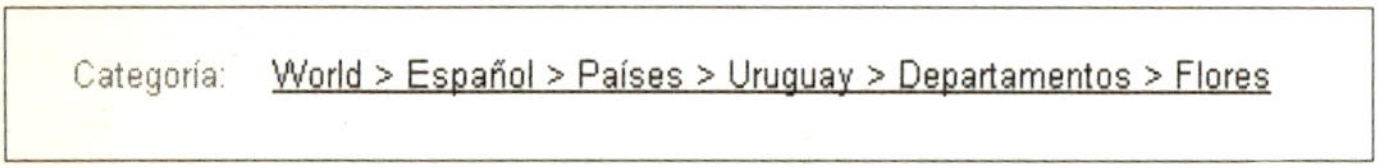

Categoría: World > Español > Países > Uruguay > Departamentos > Flores

Figura 12. Lista de categorías del directorio de Google

¿Por qué razón vemos los resultados por categorías? Después de todo, Google es un buscador de texto completo, ¿no? Es porque Google ha tomado la información del Open Directory Project (*htttp://www.dmoz.org*) y la ha cruzado con su propio ranking de popularidad para hacer el Directorio de Google. Cuando vemos categorías, estamos viendo información extraída del Directorio de Google.

El primer resultado real de la búsqueda `flores` se muestra en la figura 13.

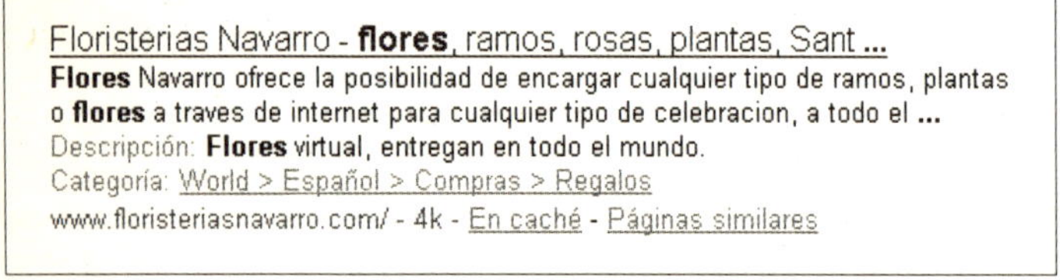

Floristerias Navarro - flores, ramos, rosas, plantas, Sant ...
Flores Navarro ofrece la posibilidad de encargar cualquier tipo de ramos, plantas
o flores a traves de internet para cualquier tipo de celebracion, a todo el ...
Descripción: Flores virtual, entregan en todo el mundo.
Categoría: World > Español > Compras > Regalos
www.floristeriasnavarro.com/ - 4k - En caché - Páginas similares

Figura 13. Un típico resultado de búsqueda

Vamos a analizarlo por partes.

La línea superior de cada resultado es el título de la página que enlaza con la página original.

La segunda línea ofrece un breve extracto del sitio Web. A veces es una descripción, otras una frase o algo similar. Google tiende a utilizar metaetiquetas descriptivas cuando están disponibles; es raro que se mire un resultado de Google sin hacerse al menos una ligera idea del contenido del sitio.

La siguiente línea muestra unos cuantos metadatos de información. Primero, la URL; después, el tamaño de la página (Google sólo dispondrá del tamaño de la página si ésta ha sido catalogada). También hay un enlace a la versión almacenada de la página, si hay alguna disponible. Finalmente, hay un enlace a páginas Web similares.

¿Por qué molestarnos en leer los metadatos? ¿Por qué no visitar simplemente el sitio y ver si es lo que queremos?

Si disponemos de una conexión de banda ancha y de todo el tiempo del mundo, podemos permitirnos no comprobar los metadatos. Pero si tenemos una conexión lenta y poco tiempo, es mejor considerar la información que nos ofrecen los resultados.

En primer lugar, comprobemos el resumen de la página. ¿Por qué aparece nuestra palabra clave? ¿Aparece en medio de una lista de sitios Web? ¿O aparece en un contexto que muestra claramente que no es lo que estamos buscando?

Si está disponible, comprobemos el tamaño de la página. ¿Es la página muy grande? Quizás es sólo una lista de enlaces (como el nombre sugiere, una página llena de enlaces a otras). ¿Ocupa sólo 1 ó 2 k? Quizás es demasiado pequeña para encontrar la información concreta que estamos buscando. Si lo que buscamos es una lista de enlaces, debemos buscar páginas que ocupen más de 20 k (consulte "Encontrar directorios de información" en la Parte IV).

Entender las URL de Google

La mayoría de la gente no presta demasiada atención a la URL que se muestra en su barra de direcciones mientras navega de un sitio a otro. Cuando se busca en Google, es conveniente hacerlo así. Sin embargo, debemos tener en cuenta que una pequeña alteración en la URL que Google devuelve después de una búsqueda puede ser un método eficiente de mejorar el conjunto de resultados. De hecho, hay al menos una cosa que podemos hacer para modificar la URL (nos gusta llamarlo *hacking*) que no se puede hacer de otro modo y hay algunos trucos rápidos que pueden ahorrarnos una visita a la página de Búsqueda avanzada.

Anatomía de una URL

Pongamos que hacemos la búsqueda de la frase tres ratones ciegos. La URL de la página de resultados variará dependiendo de las preferencias que hayamos establecido, pero podemos decir que será aproximadamente así:

http://www.google.com/search/↵
num=100 ihl=en iq=%22tres+ratones+ciegos%22

La consulta en sí misma q=%22tres+ratones+ciegos%22, siendo %22 un cifrado de URL (comillas dobles ") es bastante obvia, pero analicemos qué significan esos bits extra.

num=100 se refiere al número de resultados que deben aparecer por página, 100 en este caso. Google acepta cualquier número del 1 al 100. Modificar el valor de num es un atajo para alterar el número de resultados por página que deseamos sin tener que ir a la página de Búsqueda avanzada y volver a realizar la búsqueda después.

Si no podemos ver num en la URL, se puede añadir fácilmente haciendo clic al final de la URL en la barra de direcciones de nuestro navegador y tecleándolo. Para establecer el número de resultados por página en 20, habría que añadir &num=20.

NOTA

Podemos agregar o alterar cualquiera de los modificadores descritos aquí añadiéndolos a la URL o cambiando sus valores (la parte después del símbolo igual =) por alguno que esté dentro de los que acepta el modificador en cuestión. Si añadimos un modificador, tenemos que utilizar el símbolo & (ampersand) también. Compruebe en otras búsquedas cómo se muestran los distintos modificadores juntos en las direcciones para ver el proceso correcto.

---

hl=en se refiere al idioma de la interfaz (el idioma en el que usamos Google, que se refleja en la página principal, en los mensajes y en los botones), en este caso, inglés. Las Herramientas del idioma de Google (descritas en la Parte IV) proporcionan una lista de idiomas para elegir. Si movemos el ratón sobre cada una de las opciones de idioma, veremos cómo el cambio se refleja en la URL; la URL para el "latín sucio" (*pig latin* en inglés) es la siguiente:

http://www.google.com/int/xx-piglatin/

El código del idioma es la información entre intl/ y la última /; en este caso, xx-piglatin. Sólo hay que aplicar esta modificación a la URL para alterar el valor inicial de hl:

hl=xx-piglatin

¿Qué ocurre si añadimos varios modificadores hl a la URL? Google aprecia a aquél que llega el último, ya que lee de derecha a izquierda. Esto significa que siempre podemos recurrir a la pereza y añadir un modificador extra al final de la URL mejor que editar lo que ya está en la misma:

http://www.google.com/search/↵
num=100 ȋhl=en ȋq=%22tres+ratones+ciegos%22 ȋhl=↵
xx-piglatin

Hay un par de modificadores que, añadidos a nuestra URL, pueden proporcionarnos útiles alteraciones en nuestros resultados:

as_qdr=mx
    Especifica en meses la antigüedad máxima de los resultados de la búsqueda. X puede ser cualquier número entre el 1 y el 12; los números entre el 1 y el 6 son la mejor opción.

safe=off
    Significa que el filtro de búsqueda segura está desactivado. Este filtro elimina los resultados con contenidos sexuales explícitos. safe=on significa que el filtro está activado.

Puede que jugar con las URL de Google no parezca el modo más intuitivo de conseguir resultados con rapidez, pero es mucho más rápido que utilizar las opciones de la página de Búsqueda avanzada y en algún caso (como en el modificador de la antigüedad de la página) constituye la única manera de conseguir una serie concreta de resultados.

Comprobar la ortografía

Si hemos utilizado otros motores de búsqueda, habremos tenido experiencias de control ortográfico bastante simplistas. Sucede por ejemplo cuando introducimos un nombre propio y el buscador sugiere alguna ridícula consulta (por ejemplo, "Elvis Parsley" en vez de "Elvis Presley"). Google funciona de una forma mucho más elegante.

Cuando Google piensa que puede deletrear las palabras concretas o frases de nuestra consulta mejor que nosotros mismos, nos ofrece una sugerencia de una búsqueda más apropiada que enlaza directamente con los resultados de dicha consulta. Por ejemplo, si buscamos hidrocafalo, Google sugiere que busquemos por hidrocéfalo, como muestra la figura 14.

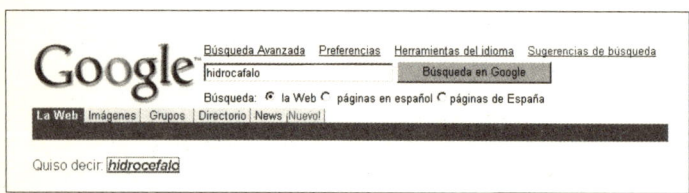

Figura 14. Una sugerencia ortográfica de Google

Sugerencias aparte, Google asume que sabemos de lo que estamos hablando y, de todas formas, nos ofrece los resultados de nuestra consulta, suponiendo, eso sí, que haya encontrado algún resultado para la misma.

Si nuestra consulta, tal y como la hemos escrito, no proporciona ningún resultado, Google ofrece automáticamente una nueva búsqueda con su propia sugerencia. Por ello, si la búsqueda de hidrocafalo no consigue ningún resultado, esto provocará que Google inicie una búsqueda para hidrocéfalo.

Como podemos imaginar, Google no ofrece sus sugerencias de forma arbitraria sino que las construye basándose en su propia base de datos de la palabras y frases que encuentra al catalogar la Web. Si buscamos por algo sin sentido como garafghafdghasd no obtendremos resultados ni tampoco ninguna sugerencia, como muestra la figura 15.

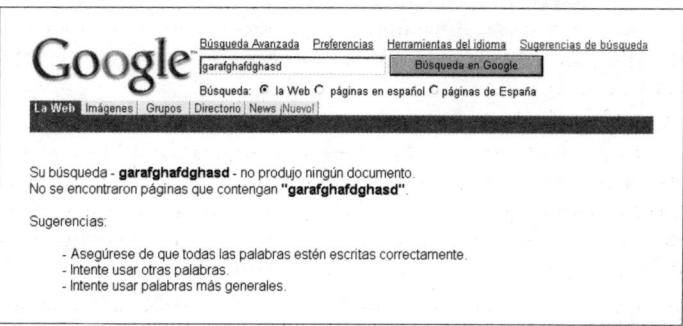

Figura 15. Una búsqueda que no obtiene resultados

NOTA

La predilección de Google por la ortografía tiene un estupendo efecto lateral: una rápida y fácil forma de comprobar la frecuencia relativa de los errores ortográficos. Hacemos una consulta con un error ortográfico y anotamos el número de resultados. Después hacemos clic en la sugerencia ortográfica de Google y anotamos también los resultados. Es sorprendente lo parecidos que son los números en algunos casos, lo cual indica la frecuencia en que se comenten errores ortográficos en una determinada palabra o frase.

Sacar partido de los errores ortográficos

No debemos cometer el error de desechar automáticamente los resultados de una palabra que no hemos escrito de forma correcta, sobre todo si es un nombre propio. He sido seguidor del dibujante Bill Mauldin durante años pero escribo mal su nombre continuamente:

"Bill Maudlin". A juzgar por la búsqueda rápida de Google, no soy el único. No hay ninguna norma que diga que una página Web debe estar perfectamente escrita antes de que se coloque en la red; por ello con frecuencia resulta útil echar un vistazo a los resultados de búsqueda que ofrece un error ortográfico.

A modo de experimento, busquemos una frase mal escrita ventriculostamia hidrocefalia. ¿Qué tipo de información conseguimos? ¿Esta información, si hay alguna, puede catalogarse en algún género particular de la red?

Cuando se escribió este libro, esta búsqueda arrojó sólo un resultado. El resultado era una dirección de la página de la Universidad Autónoma de Madrid. Los contenidos de la misma estaban dirigidos a la formación de neurocirujanos. Por lo tanto, hay que señalar de nuevo que no hay ninguna norma que diga que todos los contenidos de la Web deben estar escritos de forma correcta.

Utilizar esta información es un ventaja para el investigador. Si, por ejemplo, buscamos información no profesional sobre enfermedades y lesiones, es más que probable que la información no esté escrita de manera correcta. Por otra parte, si buscamos información muy técnica o referencias que provengan de fuentes fiables, la encontraremos más fácilmente si filtramos las consultas que estén escritas de forma errónea.

PARTE IV

Otras características y servicios de Google

En este punto ya sabemos cómo preguntar a Google lo que queremos y cómo entender lo que nos devuelve en respuesta, lo cual es bastante, ¿no?

¡De ninguna manera! Google es el buscador favorito de todo el mundo pero hay mucho más detrás de esto. Durante los últimos dos años, Google ha añadido poco a poco propiedades y servicios que trabajan de forma conjunta con el motor de búsqueda para proporcionarnos un mayor abanico de facilidades, desde catálogos de venta por correo hasta imágenes, noticias y grupos de noticias.

Además de estos servicios especiales de Google, el uso inteligente de algunos de los componentes poco documentados y de las propiedades de este motor de búsqueda nos permitirá crear nuestras propias colecciones virtuales, comprobar nuestra ortografía, consultar los valores bursátiles y mucho más.

El Directorio de Google

La búsqueda de Google se realiza sobre 3 billones de páginas, lo cual significa que no es adecuada para todos los tipos de consultas. Cuando deseamos afinar una búsqueda (por ejemplo, cuando buscamos información sobre una persona de la que no sabemos absolutamente nada), este enorme número de páginas puede ser muy frustrante.

Pero no tenemos por qué limitar las consultas a la búsqueda en la red. Google dispone también de un índice de materias, el Directorio de Google, en *http://directory.google.com* o *http://directory.google.com*.

En vez de catalogar la totalidad de las páginas, el directorio describe sitios completos que abarcan aproximadamente un millón y medio de URL. Esto lo hace muy adecuado para la búsqueda de temas generales. Algunos de ellos se muestran en la figura 16.

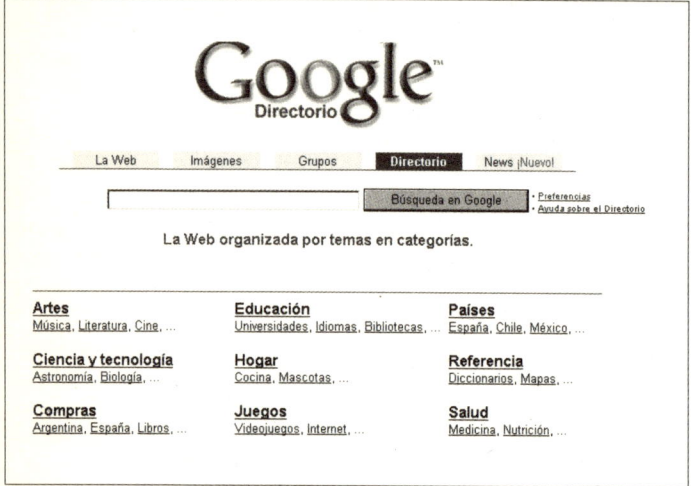

Figura 16. El Directorio de Google

Nos podemos preguntar si Google ha perdido el tiempo construyendo un índice por materias además del índice de búsqueda por texto completo. La respuesta es no. Google basa su directorio en los datos del Open Directory Project (*http://dmoz.org*). Un grupo de voluntarios recoge y mantiene la colección de URL del Open Directory Project, pero Google le añade algo de su propia magia.

Como se puede ver, la página del sitio se organiza en diferentes temas. Para encontrar lo que buscamos, podemos hacer una búsqueda por palabra clave o sumergirnos en las jerarquías de cada tema.

Además de las listas de temas, podemos ver una barra verde. Esta barra verde es un indicador aproximado del PageRank™ (ranking de páginas) del sitio. (No todos los temas del Directorio de Google tienen una correspondencia en el ranking de páginas del catálogo Web de Google). Los sitios Web están listados en el orden predeterminado de ranking de páginas de Google pero también disponemos de la opción de listarlas por orden alfabético.

NOTA

PageRank es la valoración que hace Google del grado de popularidad de una página. Cuanto más alta esté una página en el PageRank, más arriba aparecerá en los resultados de la búsqueda. Para obtener más información, consulte *http://www.google.com/technology/index.html* y *Google Hacks*, Hack #95, "Inside the PageRank Algorithm".

Algo que nos llama la atención del Directorio de Google es que las anotaciones y otras informaciones varían de una categoría a otra. Esto es porque la información del directorio se mantiene gracias a un pequeño ejército de voluntarios (unos 20.000 en el momento en que se escribe este libro) cada uno de los cuales es responsable de una o más categorías. En la mayoría de las ocasiones las anotaciones son bastante buenas.

Buscar en el Directorio de Google

El Directorio de Google no tiene la complicada sintaxis de la búsqueda en la Web. Esto se debe a que la colección de URL es bastante más pequeña, lo que la hace ideal para búsquedas más generales. Sin embargo, hay un par de elementos de sintaxis especial que debemos conocer:

intitle:

De igual forma que en la búsqueda en la Web, intitle: restringe la consulta al título de la página.

inurl:

Restringe la consulta a la URL de la página.

Cuando buscamos en el catálogo Web de Google, nuestra principal preocupación será probablemente cómo convertir la lista de resultados en algo manejable. Con este objetivo en mente, debemos empezar con la búsqueda más concreta posible. Esta estrategia es razonable para el catálogo Web, pero en la búsqueda en el Directorio es mejor comenzar por algo más general, ya que el número de sitios disponibles es mucho más pequeño.

Por ejemplo, pongamos que buscamos información sobre el autor P.G. Wodehouse. Una búsqueda simple en el catálogo Web de Google nos proporcionará aproximadamente 56.000 resultados lo cual nos lleva de forma inmediata a intentar afinar nuestra consulta. Pero la misma consulta en el Directorio de Google sólo nos devolverá 125 resultados. Se puede considerar que este número de resultados es suficientemente manejable o podemos comenzar a afinar nuestra consulta poco a poco.

El Directorio de Google es también apropiado para la búsqueda de acontecimientos o sucesos. Una búsqueda general de "guerra de Corea" nos devolverá miles de resultados, mientras que si hacemos la misma búsqueda en el Directorio obtendremos aproximadamente 100 resultados. En este caso, probablemente deseemos restringir nuestra búsqueda. La forma es utilizar palabras generales que indiquen el tipo de información que deseamos (por ejemplo, archivos, planes de estudio o cronología). No aconsejamos afinar la búsqueda con nombres propios de personas o localidades ya que no es un buen método para realizar consultas en el Directorio.

Sintaxis especial para el Directorio de Google

El Directorio de Google no utiliza ningún elemento de sintaxis especial.

Los Grupos de Google

Los Grupos de Usenet, grupos de discusión basados en texto que cubren, literalmente, miles de temas, han existido incluso antes de la World Wide Web. Están disponibles para búsquedas y evaluaciones en los Grupos de Google (*http://groups.google.com* o *http://groups.google.es*). Su interfaz, mostrada en la figura 17, es bastante diferente de la de la página principal ya que todos los mensajes están divididos por grupos y los grupos en sí mismos están divididos por temas llamados *jerarquías* (*hierarchies*, en inglés).

El archivo de los Grupos de Google comienza en 1981 y llega hasta la actualidad. Están archivados aproximadamente 200 millones de mensajes. Como se puede imaginar, éste es un archivo enormemente grande, que abarca décadas de discusiones. ¿Estancado en un viejo juego de PC? ¿Necesita ayuda sobre la máquina de coser que compró en 1982? Pues probablemente encuentre aquí las respuestas.

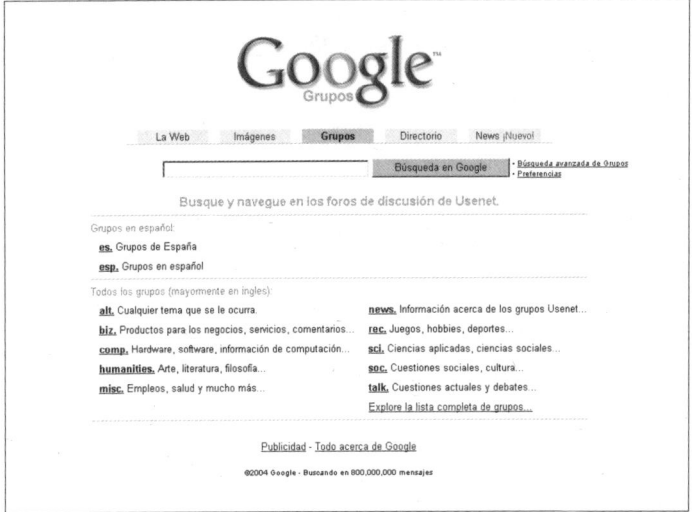

Figura 17. Los Grupos de Google

Los Grupos de Google también nos permiten participar en las discusiones de Usenet, lo cual es muy útil ya que, hoy en día, no todos los proveedores de acceso a Internet proporcionan acceso a Usenet (incluso algunos tienden a limitar el número de *newsgroups* que admiten). Aconsejamos que se consulten las FAQ (*http://groups.google.com/googlegroups/posting_faq.html*) de los Grupos de Google (sólo disponible en la versión en inglés) para obtener instrucciones de cómo unirse a un *newsgroup*. Lo primero es localizar el grupo al que nos queremos unir y esto implica usar las jerarquías.

Las principales jerarquías son *alt*, *biz*, *humanities*, *misc*, *news*, *rec*, *sci*, *soc* y *talk*. La mayoría de los grupos se crean a través de un proceso de votaciones y después se colocan en la jerarquía que vaya mejor con el tema.

Navegar en los Grupos

Desde la página principal de los Grupos de Google, se puede navegar a través de la lista de grupos eligiendo una jerarquía de dicha página.

Podremos ver que hay subtemas, sub-subtemas, sub-sub-subtemas... Por ejemplo, en la jerarquía *comp* (computadoras), podemos encontrar el subtema *comp.sys* referente a los sistemas informáticos. Por debajo de ella, encontramos 75 grupos y subtemas que incluyen *comp.sys.mac*, una rama de la jerarquía dedicada al sistema operativo de Macintosh. Hay 24 subtemas sobre Mac, uno de los cuales es *comp.sys.mac.hardware*, que contiene otros tres grupos. Una vez que hayamos encontrado el grupo más adecuado a nuestros intereses, los Grupos de Google presentan ellos mismos los mensajes, mostrados en orden cronológico inverso.

Esta estrategia funciona cuando nuestro propósito es leer un grupo sin mucho tráfico pero cuando queremos leer un grupo con mucho movimiento es preferible utilizar el buscador de los Grupos de Google. Esta búsqueda funciona de forma muy parecida a la búsqueda normal; las únicas pistas que nos recuerdan que es diferente son la pestaña Grupos y que cada uno de los resultados está asociado a un grupo y contiene la fecha de inserción del mensaje.

Sin embargo, la Búsqueda avanzada de Grupos (*http://groups.google.com/advanced_group_search* o *http://groups.google.es/advanced_group_search*) muestra un aspecto muy diferente. Nos ofrece la posibilidad de restringir la búsqueda a un grupo o tema concreto. Por ejemplo, podemos buscar en la jerarquía completa de *comp* (habría que teclear comp*) o reducirla a un solo grupo como *comp.robotics.misc*. También podemos buscar mensajes por el asunto, el autor o por la ID del mensaje.

NOTA

Por supuesto, cualquier opción de la página de Búsqueda avanzada de Grupos de Google puede expresarse mediante pequeñas "modificaciones" en la URL (consulte "Entender las URL de Google" en la Parte III).

Posiblemente, la gran diferencia entre los Grupos de Google y la búsqueda sencilla sea la búsqueda por fecha. La consulta de fechas dentro de la búsqueda simple es notoriamente inexacta y se refiere a la fecha en que una página se añadió al catálogo más que a cuando se creó. Cada uno de los mensajes de los Grupos de Google está marcado con la fecha real en que se incluyó en el mismo, por lo que la búsqueda por fecha dentro de los Grupos es muy precisa e indica cuándo se produjo ese contenido. Y, afortunadamente, ellos utilizan las fechas del calendario Gregoriano, que son más sencillas que las julianas que utiliza la búsqueda Web sencilla.

Sintaxis especial de los Grupos de Google

Podemos realizar búsquedas precisas desde la página de Búsqueda avanzada de Grupos de Google pero, como en la búsqueda sencilla, también disponemos de algunos elementos de sintaxis especial que pueden ayudarnos en nuestras consultas.

NOTA

Los Grupos de Google son un archivo de conversaciones. Por ello, en las búsquedas, tendremos más éxito si utilizamos lenguaje informal y conversacional en vez del lenguaje cuidadosamente estructurado que encontramos en los sitios de Internet, o en algunos, al menos.

---

intitle:

intitle: busca palabras clave en los títulos de los mensajes.

    intitle:cohetes

---

group:

group: restringe la búsqueda a un tema o grupo concreto (o conjunto de grupos). El comodín * (asterisco) modifica la sintaxis grupo: para añadir cualquier cosa que incluya el grupo o tema especificado. rec.humor* o rec.humor.* (dos formas de decir lo mismo) buscará resultados en el grupo *rec.humor*, así como en *rec.humor.funny*, *rec.humor.jewish*, etc.

    group:rec.humor*

    group:alt*

    group:comp.lang.perl.misc

author:

autor: especifica el autor de un mensaje. Puede indicarse tanto un nombre completo como un nombre parcial o incluso una dirección de correo electrónico.

```
author:antonio
author:antonio rodriguez
author:rodriguez@aol.com
```

Combinar la sintaxis en los Grupos de Google. En los Grupos de Google la sintaxis se combina con más facilidad que en la búsqueda sencilla (consulte "Combinar la sintaxis" en la Parte II). Podemos mezclar cualquier elemento de sintaxis, como se ejemplifica en las siguientes búsquedas:

```
intitle:literatura grupo:humanidades author:cristina
intitle:hardware group:comp.sys.ibm* pda
```

Algunos escenarios de búsqueda comunes. Hay varias formas de explorar los Grupos de Google para investigar información. Aunque es importante recordar que hay que tratar la información obtenida con cierto escepticismo y tener en cuenta que Usenet sólo consiste en cientos de miles de personas revoloteando alrededor de los enlaces; en este sentido, pasa lo mismo que con la Web.

Soporte técnico. ¿Siempre ha usado Windows como sistema operativo y descubre que hay un programa activado en su equipo del que nunca ha oído hablar? ¿No es muy agradable, no? Si se está preguntando qué es HIDSERV, los Grupos de Google pueden decírselo. Sólo hay que buscar HIDSERV dentro de ellos y encontraremos que hay muchas personas que se han hecho la misma pregunta y que han obtenido una respuesta.

Muchas veces me he encontrado con que los Grupos de Google son más útiles que los sitios Web de los fabricantes. Por ejemplo, estaba intentando instalar un conjunto de dispositivos de vuelo para un amigo: un joystick, un timón y unos pedales. En el sitio Web del fabricante no pude averiguar por qué no funcionaban. Describí el problema lo mejor que pude en una consulta a los Grupos de Google (utilizando el nombre de las piezas y la marca del fabricante) y, aunque no fue fácil, fui capaz de encontrar una respuesta.

En ocasiones, nuestro problema no es muy serio pero sí un poco molesto. Por ejemplo, estamos atascados en un juego. Si el juego ha salido al mercado hace pocos meses, probablemente encontremos la respuesta en los Grupos de Google. Si deseamos las respuestas para un juego completo, podemos probar la palabra mágica "walkthrough" (guía completa). De forma que si buscamos una guía completa para Quake II, podemos probar la consulta "quake ii" walkthrough. (No necesitamos restringir la búsqueda a algún grupo concreto ya que "walkthrough" es una palabra asociada con los jugadores).

Encontrar comentarios justo después de un acontecimiento. La búsqueda por fechas en los Grupos de Google es muy precisa (no como en la búsqueda general). Por ello, es un método excelente para encontrar comentarios durante o inmediatamente después de algún suceso.

Barbra Streisand y James Brolin se casaron el 1 de julio de 1998. La búsqueda "Barbra Streisand" "James Brolin" entre el 30 de junio de 1998 y el 3 de julio de 1998 muestra unos 40 resultados, que incluyen artículos reimprimidos, enlaces a noticias y comentarios de los fans. La búsqueda de "barbra streisand" "james brolin" sin especificar fechas arroja más de 1.300 resultados.

Usenet es mucho más vieja que la Web y es ideal para encontrar información sobre algún suceso ocurrido antes de que la Web existiera. Coca-cola lanzó su "New Coke" en abril de 1985. Por supuesto, podemos encontrar información sobre el lanzamiento en la Web, pero encontrar comentarios de los consumidores de ese momento sería un poco difícil. Después de jugar un poco con las fechas (ya que el lanzamiento en esa fecha no significa necesariamente que ya estuviera en todos los puntos de venta), encontré un montón de comentarios sobre la "New Coke" en los Grupos de Google, buscando la frase "new coke" durante el mes de mayo de 1985. La información incluía resultados de votaciones, test de sabor y especulaciones sobre la nueva fórmula. Una nueva búsqueda datada en el verano proporciona información sobre el relanzamiento de la vieja Coca-cola con el nombre de "Classic Coke".

Las Imágenes de Google

Si queremos tomar un descanso de tanto texto, podemos visitar las Imágenes de Google (*http://images.google.com* o *http://images.google.es*), un catálogo que contiene unos 425 millones de imágenes disponibles en la red. Aunque no admite muchos elementos de sintaxis especial, la Búsqueda avanzada de imágenes (*http://images.google.com/advanced_image_search* o *http://images.google.es/advanced_image_search*) ofrece algunas opciones interesantes.

La Búsqueda de imágenes comienza por una consulta por palabra clave. Las imágenes están catalogadas bajo una gran variedad de palabras clave, algunas más generales que otras por lo que hay que ser lo más específico posible. Si estamos buscando gatos, es mejor no usar como palabra clave "gatos" a menos que deseemos obtener resultados también de los gatos relacionados con los automóviles. Es mejor usar palabras que estén sólo relacionadas con estos animales, como felino o gatito. Hay que afinar la consulta al máximo utilizando el menor número de palabras posible. La búsqueda de colmillo felino arrojará unos 113 resultados en la búsqueda general en la Web, pero ninguno en la búsqueda de imágenes; en este caso, será mejor buscar por colmillo gato. (Construir consultas para la búsqueda de imágenes conlleva mucha paciencia y cierta práctica).

Los resultados de la búsqueda incluyen una miniatura, el nombre, el tamaño (tanto en píxeles como en kilobytes) y la URL donde se puede encontrar la imagen. La figura 18 muestra el resultado de la consulta google hacks.

Si hacemos clic en la imagen, nos dirigiremos a una página dividida en marcos que presenta la miniatura de la imagen en Google en la parte de arriba y la página real donde aparece la imagen en la parte de abajo. La figura 19 muestra una típica página de resultados de imágenes en Google.

La búsqueda de imágenes en Google puede ser un poco arriesgada ya que es difícil construir consultas de varias palabras y las consultas de una sola palabra nos devolverán miles de resultados. Pero tenemos algunas opciones para afinar nuestra búsqueda a través de la interfaz de Búsqueda avanzada de imágenes y de la sintaxis especial de las imágenes de Google.

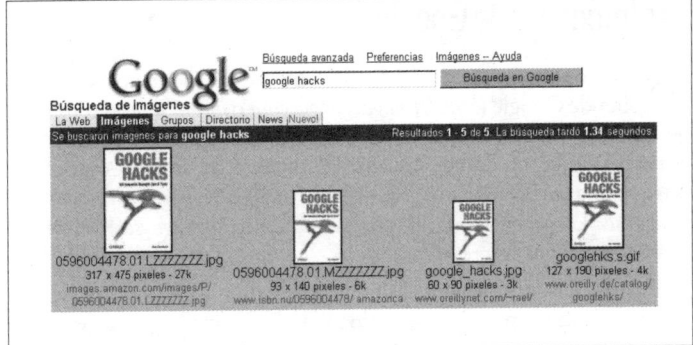

Figura 18. Resultados de búsqueda de imágenes

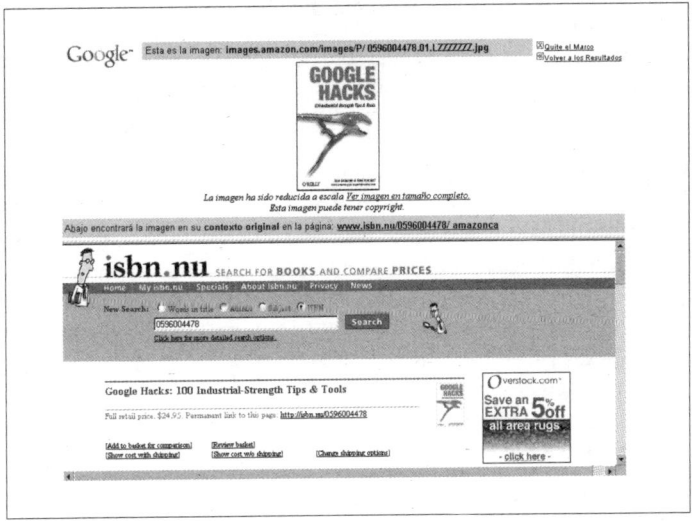

Figura 19. Página de resultados de Google dividida en marcos

La Búsqueda avanzada de imágenes (*http://images.google.com/advanced_image_search* o *http://images.google.es/advanced_image_search*) nos permite especificar el tamaño (que se expresa en píxeles no en kilobytes) de la imagen que buscamos.

También podemos señalar el tipo de imágenes que deseamos encontrar (Google sólo cataloga archivos JPEG, PNG y GIF), el color (blanco y negro, escala de grises y color sólido) y cualquier dominio al que se desee restringir la búsqueda.

Las Imágenes de Google también tienen tres niveles de filtro (sólo disponibles en la versión en inglés: ninguno, moderado y estricto). El moderado (*moderate*) sólo filtra imágenes explícitas mientras que el estricto (*strict*) filtra tanto imágenes como texto. El filtro automático ayuda aunque no garantiza que no se encuentre algún contenido ofensivo. Sin embargo, en ocasiones el filtro puede actuar en contra de nuestra búsqueda. Si estamos buscando imágenes relacionadas con el cáncer de pecho, el filtro estricto de Google reducirá enormemente el número potencial de resultados. Cada vez que utilicemos una palabra que pueda considerarse ofensiva (incluso en un contexto inocente) tendremos que considerar la opción de desactivar los filtros o la de arriesgarnos a perder resultados relevantes. Otra forma de evitar los filtros es utilizar palabras alternativas. Si buscamos imágenes relacionadas con el cáncer de pecho, podemos buscar por mamografías o Tamoxifen, un medicamento utilizado en el tratamiento de este tipo de cáncer.

Sintaxis especial de las Imágenes de Google

Las Imágenes de Google ofrecen algunos elementos de sintaxis especial.

intitle:

intitle: busca las palabras clave en el título de la página. Es una excelente forma de restringir los resultados de la búsqueda.

    intitle:google

filetype:

filetype: busca imágenes de un tipo concreto. Sólo funciona para los formatos JPEG, PNG y GIF, no para el formato BMP o el resto de formatos que Google no cataloga.

    filetype:jpg
    filetype:gif

Hay que tener en cuenta que las consultas filetype:jpg y filetype:jpeg nos proporcionarán resultados diferentes aunque ambas sean imágenes

JPEG, ya que la búsqueda se basa en la extensión de los archivos, no en un conocimiento profundo del tipo de archivo.

inurl:

inurl:, igual en la búsqueda general de Google, busca la palabra clave en la URL.

    inurl:gato
    inurl:perro.jpg

Los resultados de esta búsqueda pueden ser confusos. Por ejemplo, podemos realizar la consulta inurl:gato y obtener la siguiente dirección: *www.ejemplo.com/algo/algo/algo.html*. ¿Dónde está el gato? Pues probablemente esté allí, ya que Google cataloga la imagen como parte de la URL. Si la página incluye una imagen que se llame *gato.jpg*, es por eso que Google la ofrece como resultado para la consulta inurl:gato. Ha buscado la palabra *gato* en el nombre de la imagen, no en la URL.

site:

site:, como en otros tipos de búsqueda en Google, restringe la búsqueda al dominio o host especificado:

    football site:uk

No conviene utilizarlo para restringir resultados a un host concreto a menos que estemos totalmente seguros. En vez de eso, en mejor usarlo para restringir la consulta a ciertos dominios. Por ejemplo, busquemos football site:uk y después sólo football. La primera nos devolverá imágenes de fútbol (fútbol europeo) mientras que con la segunda obtendremos imágenes del fútbol americano.

site:com es un buen ejemplo de cómo el uso de site puede modificar espectacularmente los resultados de una consulta.

Las News de Google

Las News de Google (*http://news.google.com* o *http://news.google.es*) abarcan aproximadamente 4.500 fuentes de noticias y sucesos, ordenando titulares de las fuentes más diversas en su página principal por el tema del suceso o historia. Si nos consideramos cazadores de noticias, Google es una buena opción para encontrar noticias actualizadas al minuto, ya sea del mundo, de EE.UU, negocios, ciencia y tecnología, deportes, espectáculos o salud. La figura 20 muestra la página principal de News de Google, actualizada justo 8 minutos antes de la captura de la pantalla.

Figura 20. Las News de Google

El formulario de búsqueda funciona como el de búsqueda general (todas las consultas se interpretan por defecto con AND). Los resultados de la búsqueda agrupan noticias similares y proporcionan el título, la fuente, la fecha y un breve resumen (el enlace está incluido en el título). La única opción extra de búsqueda es agrupar los resultados por importancia o por fecha, que aparece a la derecha de la página de resultados después de realizar la búsqueda. No hay búsqueda avanzada.

Versiones internacionales

Además del sitio principal de noticias de Google, que es el de los EE.UU, Google ha comenzado a desarrollar páginas de noticias específicas de otros países. En el momento en que se escribe este libro hay páginas de Australia (*http://news.google.com.au*), de Canadá (*http://news.google.com.ca*), de India (*http://news.google.com.india*), de Reino Unido (*http://news.google.com.uk*) y de Nueva Zelanda (*http://news.google.com.nz*). La lista completa de los países disponibles se muestra en la parte inferior de la página principal de noticias, justo debajo del texto Versiones internacionales de Google News disponibles en:.

Estos sitios de noticias de diferentes países no parecen ser muy distintos del de la página original. La página principal de cada uno de ellos se centra en las noticias de actualidad de ese país. Aún así, cada una de las páginas contiene un enlace a las noticias específicas del país en la barra de navegación de la parte izquierda de la página.

Estas páginas internacionales son estupendas para concretar la búsqueda y también para tener una idea de qué fuentes utiliza Google para cada uno de los países.

Sintaxis especial de las News de Google

Las News de Google admiten dos elementos de sintaxis especial.

intitle:

intitle: busca palabras clave en el titular de un artículo.

    intitle:mineros

source:

source: restringe la consulta a noticias que provengan de una fuente concreta de noticias.

Si buscamos elecciones source:abc, las noticias encontradas sólo provendrán del periódico español ABC. ¿Qué ocurre si queremos buscar una fuente cuyo nombre se componga de más de una palabra? Pues que debemos separar las palabras con un guión bajo:

    source:washington_post

Desafortunadamente, Google no proporciona una lista de sus más de 4.500 fuentes, por lo que tenemos que utilizar un poco de imaginación en nuestras búsquedas.

Sacar el máximo partido a las News de Google

La mejor característica de las News de Google es su capacidad de recopilación. En un motor de búsqueda corriente, es normal que cualquier historia de rabiosa actualidad invada los resultados de la búsqueda. Por ejemplo, a finales de julio de 2002, saltó la noticia de que la terapia hormonal sustitutoria podía aumentar el riesgo de padecer cáncer. De repente, utilizar un buscador de noticias para encontrar la frase "cáncer de pecho" se convirtió en un ejercicio de futilidad, porque docenas de historias sobre el mismo tema llenaban las páginas de resultados.

Esto no ocurre cuando se usa el buscador de News de Google, debido a que éste agrupa las noticias por tema. Se puede encontrar una enorme pila de noticias sobre la terapia hormonal sustitutoria, pero estarán todas en el mismo sitio, permitiendo así que se puedan encontrar noticias sobre el cáncer de pecho.

¿Funciona esto siempre de manera correcta? No, según mi experiencia. Algunas noticias se agrupan con facilidad porque son muy especializadas o porque tienden a producir temas limitados. Pero otras consultas (como "George Bush") originan montones de resultados y de varios asuntos diferentes. Si necesitamos buscar un nombre famoso o un tema general (como, por ejemplo, un crimen) lo mejor es limitar la búsqueda de alguna de las siguientes formas:

- Añadir un modificador que restrinja los resultados significativamente, como: "George Bush" Marte o "crimen arma blanca".
- Limitar la búsqueda con alguno de los elementos de sintaxis especial, por ejemplo: intitle: "George Bush".
- Limitar la búsqueda a un sitio Web concreto, teniendo en cuenta que esta táctica funciona muy bien para las noticias de actualidad pero que se pueden omitir noticias locales. Si se busca alguna noticia importante relacionada con Norteamérica, la CNN (site:cnn.com) es una buena opción. Si la historia que se busca tiene un origen más internacional, la BBC (site:bbc.co.uk) funciona bien.

Si nuestra búsqueda es muy concreta o relativamente oscura, la búsqueda por grupos o temas no será de ninguna ayuda. En este caso, no se conseguiría sacar partido a la enorme potencia de Google y, en vez de eso, se mostraría su debilidad: incapacidad para buscar por fecha, por tipo de fuente, limitaciones en la búsqueda por idioma o medio de comunicación, etc. Para este tipo de búsqueda, es mejor probar otra alternativa.

Más allá de la Búsqueda de News de Google

Después de una larga racha de sequía, los buscadores de noticias han proliferado en Internet. Aquí mostramos unos cuantos favoritos:

FAST News Search (http://www.alltheWeb.com/?cat=news)
   Muy bueno tanto para fuentes locales como para las internacionales. La búsqueda avanzada nos permite limitar la búsqueda por idioma, fuente de noticias, categoría (negocios, deportes, etc.) y fecha en que los materiales fueron catalogados. El gran inconveniente de FAST es que tiene un índice de notas de prensa muy pequeño.

Rocketinfo (http://www.rocketnews.com)
   No se puede decir que utilice las fuentes más amplias del mundo, pero aquí se encuentran las agencias de noticias menos conocidas (como PETA) y muchas de las técnicas (OncoLink, BioSpace, Insurance News Net). Su mayor limitación es las escasas opciones de búsqueda que ofrece.

Yahoo! Daily News (http://dailynews.yahoo.com)
   Muestra sus listas de fuentes en su página de búsqueda avanzada. Un índice de 30 días facilita que a veces se puedan encontrar cosas que han pasado desapercibidas para otros buscadores. También proporciona una alerta de noticias gratis para los usuarios registrados. El inconveniente es que dispone de pocas fuentes técnicas, lo que significa que en ocasiones algunas noticias aparecen repetidas una y otra vez en los resultados de la búsqueda.

Los catálogos de Google (sólo disponible en google.com)

Al comienzo del boom de las *puntocom*, todos los comerciantes se apresuraron a poner sus catálogos online. Google, sin prisa y mucho después de que pasara todo el jaleo, ha colgado catálogos en la red de un modo diferente. En vez de diseñar un sitio Web que parezca un catálogo, Google simplemente escaneó páginas de catálogos (pocas, menos de 6.000 cuando se escribe este libro) y las puso a nuestra disposición a través de un motor de búsqueda. La figura 21 proporciona una idea de su diversidad.

Figura 21. Los catálogos de Google

Desde la página principal de Google Catalogs (*http://catalogs.google.com*), podemos realizar una sencilla búsqueda por palabra clave o navegar por un índice de los catálogos por temas. Cada lista de catálogos nos ofrece la opción de ver el catálogo actual, la edición anterior o un enlace con el sitio Web del catálogo (si lo tiene).

En la figura 22 podemos ver los resultados de la búsqueda relojes automáticos.

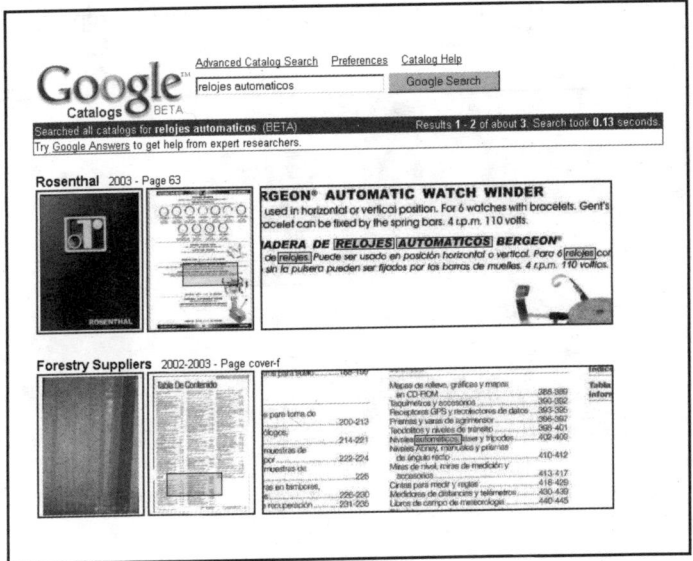

Figura 22. Resultados de la búsqueda en Google Catalogs

Si elegimos la opción de navegar por el catálogo, como muestra la figura 23, se nos proporciona una interfaz para pasar las páginas, hacer zoom o ir a una página determinada y, a la derecha de la página, una barra de búsqueda para ese catálogo determinado.

Si estamos interesados en un tipo concreto de artículo (como artículos electrónicos, juguetes, etc.), lo mejor es recurrir al índice de temas. Si buscamos un artículo determinado, utilizaremos la búsqueda por palabra clave de la página principal. Si la búsqueda es de otro tipo, usaremos la página de búsqueda avanzada.

La búsqueda avanzada (*http://catalogs.google.com/advanced_catalog_search*) nos permite restringir la búsqueda por categorías —desde Apparel & Accessories (ropa y accesorios) hasta Toys & Hobbies (juguetes y aficiones)—, especificar si deseamos consultar sólo

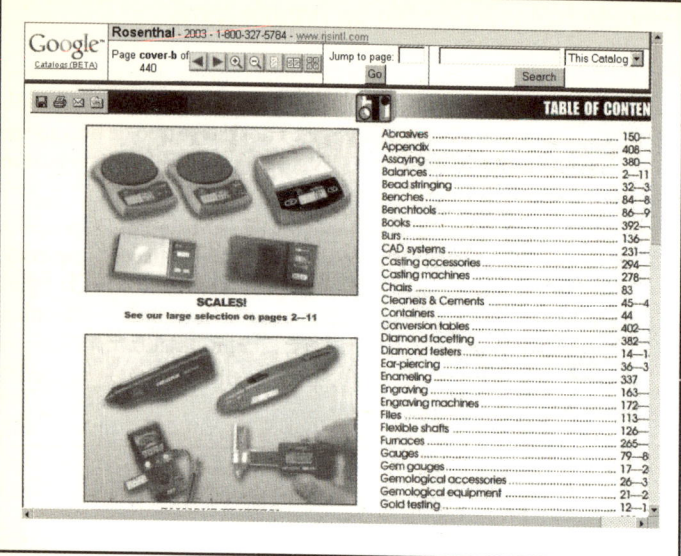

Figura 23. Navegación por los catálogos de Google

catálogos actuales o también antiguos y señalar si queremos filtrar los resultados.

La búsqueda de catálogos resulta muy distinta a otras propiedades de Google. Incluye el nombre del catálogo, el tema y la fecha, una foto de la página principal del mismo, la primera página en que aparece el término buscado (también ofrece un enlace a otras apariciones adicionales del término, si hay alguna, en la misma línea en que aparece el nombre y la fecha del catálogo) y un primer plano del lugar en que aparece el término dentro de la página. Generalmente, las páginas no tienen buena legibilidad, aunque esto varía dependiendo del catálogo. Sólo hay que hacer clic en la página para ver una versión más amplia de la página completa.

Sintaxis especial de los catálogos de Google

Los catálogos de Google no admiten sintaxis especial.

Froogle (sólo disponible en *google.com*)

Los catálogos de Google son una estupenda forma de hacer compras "offline", especialmente si lo que nos gusta es navegar utilizando sólo un par de palabras clave. Sin embargo, si somos de ese tipo de buscadores modernos que insisten en hacer todas sus compras online, nos gustará echar un vistazo a Froogle (*http://froogle.google.com*).

"Froogle", formada con la combinación de las palabras "Google" y "frugal", es un índice de tiendas (en el que se pueden hacer búsquedas) cuyo aspecto es muy parecido al Directorio de Google (ver la figura 24) y que está enfocado a llevar al visitante a un punto de venta online donde se encuentre el artículo en el que está interesado. Este servicio se lanzó en diciembre de 2002 y, en el momento en el que se escribe este libro, todavía está en pruebas.

Figura 24. Froogle

En el directorio de Froogle, existen dos formas de encontrar artículos: navegar y buscar. De la misma forma que la navegación y la búsqueda en Google puede llevarnos a resultados diferentes, así también encontraremos productos diferentes dependiendo del camino que tomemos en Froogle.

Navegar para comprar

La página principal de Froogle lista un conjunto de categorías de alto nivel, cada una de ellas con un grupo significativo de subcategorías. Para navegar en una categoría concreta, sólo hay que hacer clic sobre el enlace. Encontraremos que incluso después de localizar la subcategoría que estábamos buscando, todavía hay un montón de artículos dentro de ella. Por ejemplo, dentro la categoría Flowers> Arrangement (Flores>Arreglos) hay más de 4.000 resultados.

Los listados incluyen una foto (cuando está disponible, que es el caso más frecuente), el precio, la tienda que vende el artículo, una breve descripción del mismo y un enlace que lleva a todos los artículos del mismo proveedor dentro de la categoría en la que estamos. Podemos restringir los resultados eligiendo ver sólo los artículos que estén dentro de un rango de precios concreto.

A menos que dispongamos de mucho tiempo y que realmente nos guste comprar, podemos calificar la opción de navegar de menos de óptima. La búsqueda en Froogle funciona mucho mejor, especialmente cuando tenemos prisa y algo específico en la cabeza.

Buscar para comprar

Froogle ofrece una búsqueda básica por palabra clave, pero para sacar el mayor partido a nuestra búsqueda lo mejor es la Búsqueda avanzada (*http://froogle.google.com/froogle_advanced_search*).

Muchos aspectos de esta Búsqueda avanzada (Advance Search) nos resultarán familiares si hemos utilizado la Búsqueda avanzada estándar de Google; podemos señalar palabras o frases y términos que queremos excluir. Pero también podemos especificar productos que estén por debajo de un precio concreto o dentro de un rango de precios determinado. También podemos elegir si queremos que las palabras clave aparezcan dentro del nombre del producto, de la descripción del mismo o de ambos; esta posibilidad nos proporciona un agradable y detallado control adicional en la búsqueda. Finalmente, podemos señalar la categoría en la cual queremos realizar la consulta desde Apparel & Accesorios (ropa y accesorios) hasta Toys & Games (juguetes y juegos).

La figura 25 muestra un conjunto de ejemplos de los resultados de una búsqueda.

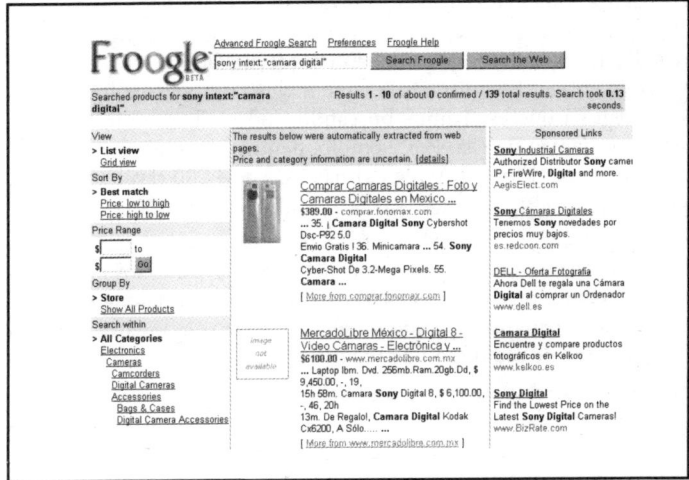

Figura 25. Resultados de búsqueda en Froogle

Sintaxis especial de Froogle

Froogle esconde en la manga algunos elementos de sintaxis especial.

intitle:

intitle: restringe la consulta al nombre del producto.

    intitle:jirafa
    intitle:nokia telefono

intext:

intext: limita la consulta al texto de descripción del producto.

    intext:figurita
    intext:"onda corta"

Podemos utilizar intitle: e intext: al mismo tiempo; así la consulta intitle:sony intext:radio funcionará como se espera.

También existe la opción de utilizar OR, que se especifica mediante la barra vertical (|). Por ejemplo, para buscar una radio o un DVD utilizaremos intitle:radio | intitle:dvd.

Añadir un establecimiento o tienda a Froogle

Teniendo en cuenta la importancia de Google en el mundo de las búsquedas en la red, es razonable esperar que Froogle se convierta con rapidez en un destino de compras popular. Si usted vende productos online, se debe estar preguntando cuánto cobra Google a un proveedor por formar parte de Froogle.

La respuesta es: ¡nada! Se puede formar parte del índice de Froogle sin pagar un céntimo. Sin embargo, hay ciertas limitaciones. En el momento actual, Froogle sólo acepta sitios Web cuyo idioma sea el inglés y cuyos productos estén marcados en dólares americanos.

Los comerciantes que deseen estar incluidos en este sitio están invitados a enviar un *data feed* (un formulario de datos), que consiste en un archivo ordenado en pestañas, generado por nuestra hoja de cálculo favorita, por una base de datos de productos, o por nuestro propio sistema de gestión de contenidos o algo similar. Para obtener más información sobre cómo hacer que nuestros productos estén disponibles en Froogle, visite: *http://froogle.google.com/froogle/merchants.html*.

Herramientas del idioma

En los primeros días de la Web, la mayor parte de las páginas estaban en inglés. Pero, a medida que más y más países han ido estando online los materiales han comenzado a estar disponibles en una gran variedad de idiomas, que incluyen algunos que no pertenecen a ningún país en particular como el esperanto o el klingon.

Google proporciona algunas herramientas del idioma, como una herramienta de traducción y otra específica para la interfaz de Google. La opción de la interfaz es mucho más amplia que la de traducción pero esta última también nos ofrece muchas posibilidades.

Utilizar las Herramientas del idioma

Para utilizar estas herramientas, sólo hay que hacer clic en el enlace "Herramientas del idioma" que encontramos en la página principal o teclear *http://www.google.es/language_tools* o *http://www.google.com/language_tools*.

La primera herramienta, que se muestra en la figura 26, nos permite buscar materiales de un determinado país y/o idioma. Éste es un método excelente para restringir nuestras consultas; buscar páginas de Japón en francés nos proporcionará muchos menos resultados que buscar páginas de Francia que estén en francés.

Podemos afinar aún más la búsqueda buscando una palabra de una jerga o argot específico de otro idioma, por ejemplo, la palabra de argot inglesa "yuppi" en páginas de Japón que estén en lengua francesa.

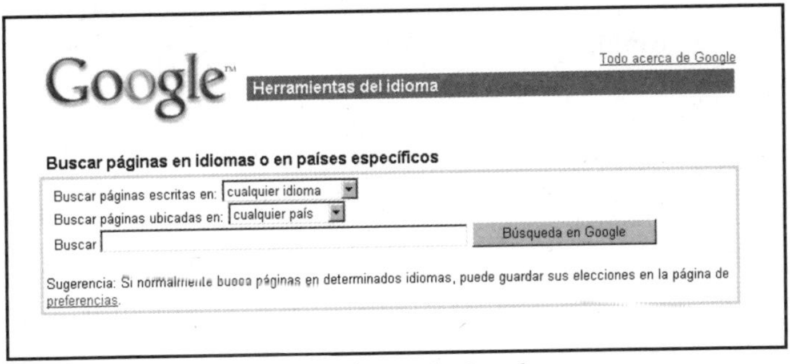

Figura 26. Herramientas del idioma de Google

La segunda herramienta de esta página (observe la figura 27) nos permite traducir un bloque de texto o una página Web completa de un idioma a otro. La mayoría de las traducciones son al inglés o del inglés.

El programa de traducción no es tan bueno como un traductor humano, por ello no debemos confiar en esta traducción como base de nuestra búsqueda ni como una traducción completamente exacta de la página que buscamos. La traducción nos sirve para hacernos una idea del significado de la página.

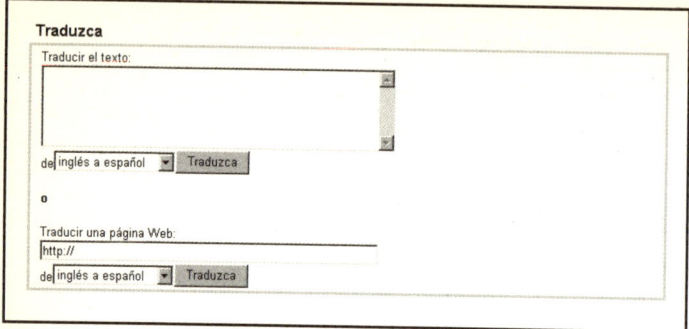

Figura 27. La herramienta de traducción de Google

Pero no tenemos necesariamente que entrar en esta página para usar la herramienta de traducción. Cuando hagamos una búsqueda, encontraremos que algunos de los resultados que no están en nuestro idioma (el cual se establece en las Preferencias de Google) tienen al lado del título un vínculo que dice "Traduzca esta página". Si hacemos clic en él, nos llevará a una versión traducida de la página que se presenta dentro de un marco. El marco de Google, en la parte superior, nos ofrece la opción de ver la página original así como la posibilidad de volver a los resultados o ver una opción especial para impresión.

La tercera herramienta (figura 28) nos permite elegir el idioma de la intefaz, desde el africaans hasta el zulú. Algunos de estos idiomas son imaginarios (como el ibork, bork, bork! o el Elmer Fudd) pero, de cualquier forma, funcionan.

Pero, cuidado, si establecemos el idioma klingon, necesitaremos saberlo para descifrar la forma de volver atrás. Pero si estamos realmente estancados, podemos borrar la cookie de Google en nuestro navegador y volver a cargar la página, lo cual devolverá todas las preferencias a las establecidas por defecto.

¿Cómo se las arregla Google para tener su interfaz en tantos idiomas si dispone de tan pocos idiomas de traducción? Es debido al programa "Vuestro idioma" (Your Languaje) de Google, que reúne voluntarios de todo el mundo que traducen la interfaz de Google. (Para obtener más información sobre este programa, visite *http://www.google.com/intl/en/language.html*).

Use el interface de Google en su idioma

Elija el idioma que desea usar con Google en la página de preferencias. Los mensajes y los botones aparecerán en ese idioma.
Google ofrece actualmente interfaces en los siguientes idiomas:

- afrikaans
- albanés
- alemán
- amhárico
- azerbaijani
- belaruso
- bengalés; bangla
- bihari
- bosnio
- Bretón
- búlgaro
- catalán
- checo
- chino (simplificado)
- chino (tradicional)
- coreano
- croata
- danés
- Elmer Fudd
- eslovaco
- esloveno
- español
- esperanto
- estonio
- faroés
- finlandés
- francés
- frisio
- gallego
- galés
- gaélico escocés
- georgiano
- griego
- Guaraní
- gujarati
- hacker
- hebreo
- hindi
- holandés
- húngaro
- indonesio
- inglés
- interlingual
- irlandés
- islandés
- italiano
- japonés
- javanés
- kanada
- Kirghiz
- klingon
- latín
- latín sucio
- letón
- lituano
- macedonio
- malayalam
- malayo
- maltés
- maratí
- nepalí
- noruego
- noruego (Nynorsk)
- occitano
- Oriya
- persa
- polaco
- portugués (Brasil)
- portugués (Portugal)
- punjabí
- rumano
- ruso
- serbio
- Serbo-croata
- Sesotho
- sinhalés
- suajili
- sueco
- sundanés
- tagalo
- tailandés
- tamil
- Tchi
- telugu
- tigrinya
- turco
- Turkmeno
- ucraniano
- urdu
- uzbeco
- vasco
- vietnamita
- xhosa
- Yiddish
- zulú
- ¡bork, bork, bork!
- árabe

Figura 28. Google en nuestro idioma

Finalmente, la página de Herramientas del idioma contiene una lista de las regiones que poseen páginas específicas de Google (son más de 30 desde Holanda hasta las islas Pitcairn). La figura 29 muestra unas cuantas.

Sacar el máximo partido a las Herramientas del idioma

Aunque no podemos confiar en la herramienta de traducción de Google excepto para hacernos una idea aproximada del significado, sí podemos utilizar las traducciones para afinar nuestras consultas. La primera forma ya se ha descrito anteriormente: usar combinaciones poco probables de idiomas y países para restringir los resultados. La segunda forma es utilizar el traductor.

Elegimos una palabra del asunto que queremos buscar y utilizamos el traductor para traducirla a otro idioma. (El traductor de Google funciona bastante bien cuando traducimos sólo una palabra). Después, buscamos esa palabra en un país y en un idioma diferentes. Por ejemplo, podemos buscar la palabra alemana "Landstraâe" (autopista) en páginas de Canadá que estén en francés. Por supuesto, tendremos que

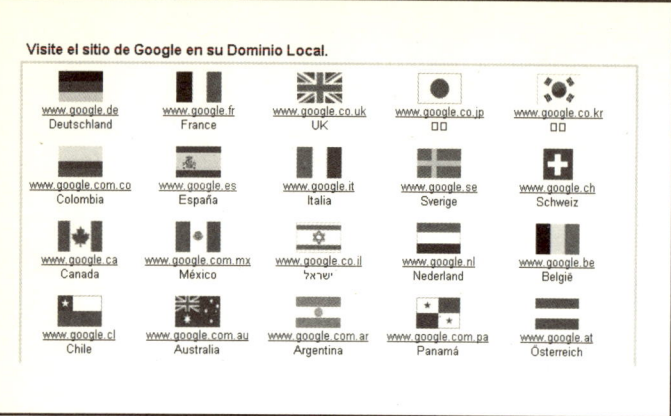

Figura 29. El sitio de Google en nuestro país

asegurarnos de utilizar palabras que no tienen equivalente en inglés u obtendremos una enorme cantidad de resultados.

Consultar el diccionario

La comprobación de ortografía de Google (consulte "Comprobar la ortografía" en la Parte III) está construida sobre su propia base de datos de palabras y frases elaborada al mismo tiempo que se catalogan las páginas Web. De esta forma, proporciona sugerencias para los nombres propios menos conocidos, frases, construcciones comunes de oraciones, etc. Google también ofrece un servicio de definiciones desarrollado por Dictionary.com (*htttp://www.dictionary.com*). Las definiciones, aunque provienen de una fuente creíble y están argumentadas por varios catálogos especializados, pueden ser limitadas.

Hagamos una búsqueda. Nos daremos cuenta de que en la página de resultados aparece la frase "Search the Web for [palabra clave]" (sólo en la versión inglesa de Google, en la versión en castellano: "Se buscó [palabra clave] en la Web"). Si la palabra clave está en el diccionario, contendrá un vínculo a la definición del diccionario. Las palabras que se consideran frases hechas enlazarán con la definición de dicha frase; por ejemplo, la consulta "jolly roger" (bandera pirata) nos permitirá visitar la entrada "jolly roger". Por otra parte, la frase "computer legal" nos ofrecerá dos vínculos separados para "computer" y para "legal".

La búsqueda de definiciones puede fallar en el caso de palabras complicadas, que sean muy nuevas, de una jerga especial o de vocabulario técnico (también conocido como argot especializado). Si buscamos el significado de una palabra y encontramos que Google no puede ayudarnos, podemos intentarlo con los servicios de un diccionario de metabúsqueda como OneLook (*http://www.onelook.com*), que reúne 4 millones de palabras sacadas de 700 diccionarios. Si esto tampoco funciona, podemos intentarlo de nuevo en Google con uno de los siguientes trucos:

- Si buscamos varias palabras (por ejemplo, porque estemos leyendo un manual técnico), podemos buscar algunas de esas palabras al mismo tiempo. De esta forma, a veces encontraremos un glosario. Por ejemplo, si estamos leyendo un libro de márketing, puede que no conozcamos muchas de las palabras. Con la consulta storyboard stet SAU, conseguiremos sólo unos cuantos resultados, pero todos serán glosarios.

- Buscar nuestra palabra clave acompañada de la palabra glosario, por ejemplo, glosario marketing. Será más efectivo si utilizamos una palabra que no sea muy habitual. Por ejemplo, podemos no saber qué significa la palabra "spread" en el ámbito del marketing y buscar spread glosario nos ofrecerá unos 1.200 resultados de muchos tipos diferentes de glosarios.

- Hacer la consulta *palabra clave* significa o ¿Qué significa *palabra clave*?, donde *palabra clave* es la palabra que deseamos encontrar.

- Si lo que buscamos es un artículo técnico o médico, es mejor restringir la búsqueda a los sitios relacionados con la educación (*.edu*). (Esta búsqueda no funciona muy bien en los sitios Web en castellano, ya que los sitios relacionados con la educación utilizan los dominios del propio país o el dominio *.com*). Si buscamos una definición contextual sobre el uso de la acupuntura equina y cómo debe utilizarse en el tratamiento de la laminitis, la consulta sería: site:edu "equine acupunture" laminitis.

- site:edu nos proporcionará una breve lista de resultados. Además, así podremos evitar obtener listas de libros y tiendas online, lo cual es muy útil si lo que buscamos es simplemente información y no queremos hacer ninguna compra. Si buscamos términos de jergas o argot, es mejor intentar afinar la búsqueda buscando en sitios como Geocities y Tripod y observar los resultados. A veces los jóvenes incluyen sitios Web divertidos u otros resúmenes culturales informales en sitios gratis como Geocities, lo que nos puede proporcionar muchos ejemplos de uso de jerga en su contexto en vez de simples listas de definiciones. Hay una buena cantidad de glosarios divertidos en Geocities; busque glossary site:geocities.com y compruébelo por sí mismo.

La conexión de Google con Dictionary.com proporciona un vínculo rápido y directo a una definición sencilla. Pero encontrar el significado de palabras más complicadas también puede ser rápido si se aplica un poco de imaginación creativa.

Consultar el Phonebook (sólo para usuarios norteamericanos)

Google combina información sobre números de teléfono de negocios y particulares y su propia y excelente interfaz para ofrecer un directorio telefónico que proporciona listados de empresas y particulares en los Estados Unidos. Sin embargo, la búsqueda ofrece tres elementos de sintaxis diferentes, distintos niveles de información proporcionan diferentes resultados, los elementos de sintaxis son complicados y Google no dispone de ninguna documentación sobre ellos.

Sintaxis especial para el Phonebook de Google

Google ofrece tres formas de buscar en su directorio telefónico.

---

phonebook:

phonebook: busca en el directorio completo de Google.
   phonebook: lucky Las Vegas NV

---

rphonebook:

rphonebook: sólo busca en listados de particulares.
   rphonebook: Smith CA

bphonebook:

bphonebook: sólo busca en listados de empresas.

   bphonebook: pizza Chicago IL

NOTA

La página de resultados para phonebook: sólo lista 5 resultados de empresas y otros 5 de particulares combinados. Los más específicos rphonebook: y bphonebook: proporcionan 30 resultados por página en la consulta. Para aumentar las oportunidades de encontrar lo que buscamos, debemos elegir el elemento de sintaxis que se ajuste de manera más precisa a nuestras necesidades.

Utilizar un directorio de teléfonos estándar requiere que tengamos algo de información sobre lo que estamos buscando: nombre, apellido, ciudad y estado. El directorio de Google no solicita más que el apellido y el estado para comenzar la búsqueda. Buscar a todos los Smiths de California es tan sencillo como sigue:

   phonebook: smith ca

La figura 30 muestra los resultados de esta consulta.

Figura 30. Una página de resultados utilizando phonebook

Debemos tener en cuenta que, aunque nuestra intuición nos dice que debe haber miles de Smiths en California, el directorio telefónico de Google dice que sólo hay 600. Eso es porque el directorio ofrece un máximo de 600 resultados. Es suficiente. Podemos intentar restringir la búsqueda añadiéndole el nombre, la ciudad o ambos:

```
phonebook:john smith los angeles ca
```

En el momento de escribir estas letras, el directorio de Google encontró 3 empresas y 22 números particulares como resultado de la búsqueda de John Smith en Los Ángeles, California.

Advertencias. Los elementos de sintaxis del directorio telefónico son potentes y útiles, pero pueden resultar difíciles de usar si no recordamos algunos aspectos sobre cómo funcionan:

- Son sensibles a las mayúsculas y minúsculas. La consulta `phonebook:john doe ca` funciona, mientras `phonebook:john doe ca` no lo hace.

- Los comodines no funcionan. De todas formas, no son necesarios; el directorio telefónico de Google incluye los comodines por nosotros. Por ejemplo, si deseamos buscar establecimientos de Nueva York que contengan la palabra "coffee" en su nombre, no debemos molestarnos en intentar imaginarnos todas las combinaciones que podríamos encontrar como "Coffee Shop" o "Coffe House". Con sólo buscar `bphonebook:coffe new york` conseguiremos una lista de todos los negocios de Nueva York cuyo nombre contenga la palabra "coffee".

- Las exclusiones no funcionan. Quizás queremos encontrar cafeterías que no sean Starbucks. Podríamos pensar que `phonebook:coffe -starbucks new york ny` lo conseguiría. Después de todo, estamos buscando "coffe" pero no "starbucks", ¿no? Desafortunadamente, no. Google pensará que estamos buscando ambos, tanto "coffee" como "starbucks", ofreciéndonos justo lo contrario de lo que pretendíamos: todos los Starbusck de Nueva York.

- `OR` no funciona para las ciudades o estados. Quizás comencemos preguntándonos si el directorio telefónico de Google acepta consultas con `OR`. Entonces experimentaremos intentando encontrar todas las cafeterías que hay en Rhode Island o Hawaii:

`phonebook:coffee (ri | hi)`. Desafortunadamente, esto no es así y sólo encontraremos resultados de cafeterías en Hawaii. Esto es debido a que Google presta atención sólo a las letras colocadas más a la derecha de la consulta, tratándolas como una localidad, que, en este caso, es Hawaii (hi). Podemos, sin embargo, utilizar la sintaxis OR para el resto de la consulta, siempre que especifiquemos el estado al final de la misma (más a la derecha). Por ejemplo, si deseamos encontrar cafeterías que vendan donuts o bagels en Massachusetts, la consulta sería: `bphonebook:coffee (donuts | bagels) ma`. Esta consulta encontrará establecimientos que siempre contengan la palabra "coffee" además de "donuts" o "bagels" en Massachusetts. Conclusión: podemos usar OR en una consulta para el nombre de la persona o del negocio, pero no para la localidad.

Consultas inversas en el directorio. Los tres elementos de sintaxis admiten búsquedas inversas, aunque probablemente es mejor utilizar la sintaxis general `phonebook:` ya que la especificación de que sea un negocio o un particular podría evitar que encontráramos lo que estamos buscando.

Para realizar una consulta inversa sólo hay que introducir el número de teléfono más el código de área o prefijo. La consulta sin prefijo no funcionará.

`phonebook:(707) 829-0515`

Hay que tener en cuenta que las búsquedas inversas en Google se hacen un poco al azar y no siempre producen resultados. Si no tenemos suerte, podemos usar un sitio Web más específico como WhitePages.com (*http://www.whitepages.com*).

NOTA

Si estamos preocupados por la privacidad, podemos eliminar nuestro número del listado de Google. Consulte *http://www.google.com/help/pbremoval.html* para obtener más información.

Encontrar directorios de teléfono utilizando Google. Aunque el directorio de Google es un buen punto de partida, su utilidad es limitada. Si buscamos el número de teléfono de una universidad o alguna otra institución, aunque no encontraremos el número en Google, ciertamente podremos encontrar el directorio apropiado si es que está en la red.

Si buscamos el directorio de una universidad, lo primero que podemos intentar es esta sencilla búsqueda: inurl:phone site:*university.edu*, sustituyendo *university.edu* por el dominio de la universidad que estamos buscando. Por ejemplo, para encontrar el directorio telefónico de la Universidad de North Carolina en Chapel Hill, buscaríamos:

```
inurl:phone site:unc.edu
```

(En el caso de España, hay que recordar que las universidades suelen tener dominios *.es*. Una búsqueda apropiada para consultar el directorio de la Universidad Autónoma de Madrid sería: inurl:directorio site:uam.es).

Si esta consulta no funciona, podemos intentar algunas variaciones:

```
title:"phone book" site:unc.edu
(phonebook | "phone book") lookup faculty staff site:unc.edu
inurl:help (phonebook | "phone book") site:unc.edu
```

Si buscamos los directorios de varias universidades, podemos intentar las mismas consultas con algo más genérico como site:edu. También hay un par de sitios Web que listan los directorios de las universidades:

- Phonebook Gateway-Server Lookup (*http://www.uiuc.edu/cgi-bin/ph/lookup*) contiene unos 330 directorios telefónicos.
- Phone Book Servers (*http://www.envmed.rochester.edu/www/ph.html*) contiene unos 400 directorios telefónicos.
- En España, una buena dirección es *www.universia.es* o *http://www.rediris.es/recursos/centros/univ.es.html*.

Consultar el mercado bursátil

Dentro de los elementos menos conocidos de la sintaxis de Google está stocks:. La consulta stocks:symbol, donde *symbol* representa los valores que estamos buscando, nos redireccionará a la página de Yahoo! Finance (*http://finance.yahoo.com*) para buscar los detalles. La página de Yahoo! contiene un marco de Google en la parte superior donde encontramos el logo de Google además de enlaces a Quicken, Fool.com, MSN MoneyCentral y otros sitios financieros. Si lanzamos a Google una consulta falsa, también nos llevará a la página de Yahoo! Finance, que nos ofrecerá el resultado de un valor del que nunca hemos oído hablar o una página que nos indica que ese valor no ha sido encontrado. Por supuesto, podemos utilizar esta característica en nuestro propio beneficio. Introducimos stocks: seguido del nombre de la compañía que estamos buscando (ejemplo: stocks:friendly). Si el nombre de la compañía tiene más de una palabra, tendremos que elegir la más significativa. Cuando realicemos la consulta, nos encontraremos en la página de stocks de Yahoo!Finance, que se muestra en la figura 31.

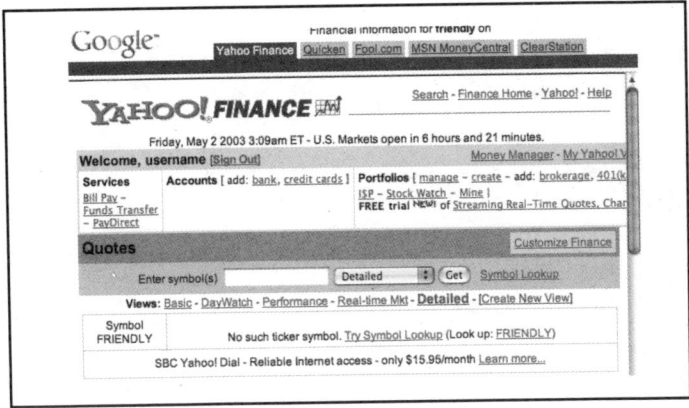

Figura 31. Página de stocks de Yahoo! Finance

Esta pantalla muestra el enlace "Look up: FRIENDLY"; haciendo clic en él obtendremos una lista de las compañías que tienen alguna coincidencia con "friendly". Desde allí, podremos conseguir la información de valores que deseamos (si la compañía que buscamos está en la lista).

Buscar información bursátil más allá de Google

Google no está especialmente programado para investigar sobre valores bursátiles. Es mejor comenzar la búsqueda en otro sitio y volver a Google con una mejor información sobre lo que estamos buscando.

Es recomendable ir directamente a Yahoo! Finance (*http//finance.yahoo.com*) para buscar de forma rápida por el nombre de la compañía; aquí encontraremos todos los básicos: precios, perfiles de las compañías, carteras y noticias recientes. Una buena página en castellano es *www.invertia.com* o la página de finanzas de Yahoo! España (*http://es.finance.yahoo.com/*).

Más investigación bursátil con Google

Busquemos en Google por:

    Telefonica

Después, añadimos el símbolo del valor a la consulta:

    telefonica TEF.MC

De forma instantánea, los resultados de la búsqueda son todos sobre información financiera. Ahora, añada el nombre del presidente de la compañía (CEO):

    telefonica TEF.MC "César Alierta"

La consulta ofrecerá una lista de resultados pequeña y muy centrada en nuestro objetivo, como muestra la figura 32.

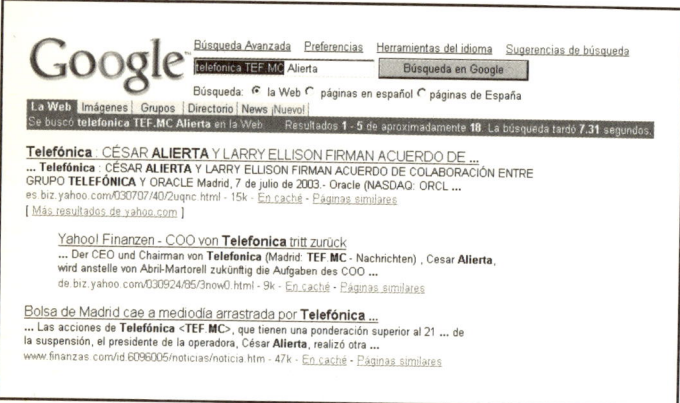

Figura 32. Utilizar el símbolo del valor para limitar los resultados

Los símbolos de los valores son como "huellas digitales" para la investigación en Internet. Son consistentes, aparecen con frecuencia junto al nombre de la compañía y son lo suficientemente inusuales para servirnos para restringir los resultados de la búsqueda sólo a la información más relevante.

Hay también varias palabras y frases que podemos usar para afinar nuestra búsqueda de información relacionada con una determinada compañía. Reemplazando *compañía* por el nombre de la empresa que estamos buscando podemos intentar lo siguiente:

- Para notas de prensa: `"compañía anuncio"`, `"compañía informe"`.
- Para información financiera: `compañía "informe trimestral"`, `compañía CNMV` (donde CNMV es la Comisión Nacional del Mercado de Valores en España) o `compañía SEC` (donde SEC es la Comisión de Bolsa y Valores de EE.UU), `compañía finanzas`, `compañía precio/ganancia` o `compañía "p/e ratio"` (para valores americanos.

Buscar archivos de artículos de prensa

No todos los sitios Web tienen su propio motor de búsqueda e incluso algunos que lo tienen son a veces difíciles de usar. Los buscadores complicados o incompletos exigen más esfuerzo que los beneficios que se obtienen de ellos en el caso de buscar en archivos de artículos publicados. Si seguimos un par de reglas, Google resulta muy útil para recuperar artículos publicados.

El truco está en utilizar una frase común para encontrar la información que estamos buscando. Vamos a utilizar *The New York Times* como ejemplo.

Artículos de The New York Times

Nuestra primera intuición cuando buscamos artículos ya publicados en NYTimes.com puede ser utilizar simplemente `site:nytimes.com` en nuestra consulta a Google. Por ejemplo, si quiero encontrar artículos relacionados con George Bush, por qué no utilizar:

```
"george bush" site:nytimes.com
```

Por supuesto que esta consulta encontrará artículos que mencionen a George Bush publicados en NYTimes.com. Lo que no encontrará son todos aquellos artículos producidos por *The New York Times* que se hayan vuelto a publicar en cualquier otro medio.

NOTA

Cuando investiguemos, debemos tener siempre presente la credibilidad de lo que encontramos. Si hacemos una investigación casual, quizás no necesitemos comprobar una historia para asegurarnos de que realmente proviene de *The New York Times*, pero si estamos investigando un trabajo, es aconsejable comprobar la veracidad de cualquier artículo que encontremos que no esté en el sitio Web de este periódico.

Lo que realmente queremos es un identificador claro, no importa la página de origen, de que un artículo es de *The New York Times*. Los copyrights son perfectos para este propósito. Un típico copyright de *The New York Times* sería:

```
Copyright 2001 The New York Times Company
```

Pero esta frase sólo encontraría artículos del año 2001. Para encontrar artículos de cualquier año, sólo tendremos que reemplazar el año por un comodín:

```
Copyright * The New York Times Company
```

Vamos a intentar de nuevo la búsqueda relacionada con George Bush, pero esta vez utilizaremos la restricción del copyright en vez de la anterior de site::

```
"Copyright * The New York Times Company" "George Bush"
```

En el momento en que se escriben estas letras, esta consulta obtuvo tres veces más resultados que en el intento anterior.

Artículos de revistas

Los copyright son también útiles para encontrar artículos de revistas. Por ejemplo, el copyright de la revista *Scientific American's* suele ser el siguiente:

```
Scientific American, Inc. All rights reserved
```

(La fecha aparece antes del nombre de la compañía, pero la he omitido para evitar la molestia de usar los comodines).

Utilizar este copyright como frase delimitadora junto a una palabra clave (por ejemplo, hologram) daría como resultado la siguiente consulta:

```
hologram "Scientific American, Inc. All rights reserved"
```

Cuando hicimos esta búsqueda, sólo obtuvimos un resultado, lo que parecía un número muy pequeño para una consulta general como hologram. Cuando obtenemos menos resultados de los que esperamos, podemos volver a utilizar el elemento de sintaxis site:, para consultar el sitio Web de la fuente original:

```
hologram site:sciam.com
```

En este ejemplo, encontraremos varios resultados que se pueden recuperar de la caché de Google, pero que ya no están disponibles en el sitio Web de esta revista.

La mayoría de las revistas que he investigado tienen una cadena de texto común que podemos usar al buscar sus archivos en Google. Normalmente, suele ser el copyright que se encuentra al final de la página. Podemos usar Google para buscar con esa cadena y añadirle cualquier palabra clave. Si eso no funciona, podemos volver a buscar la consulta junto con el dominio de la revista cuyos artículos estemos buscando.

Encontrar directorios de información

En ocasiones, estaremos más interesados en encontrar grandes recopilaciones de información que pequeñas cantidades de datos. Con Google, existen un par de formas de buscar directorios, listas de enlaces y otras colecciones de datos. El primer método consiste en utilizar los comodines y el elemento de sintaxis intitle:. El segundo se basa en una juiciosa utilización de las palabras clave.

Etiquetas de título y comodines

Elegimos algún tema sobre el que nos gustaría encontrar un conjunto de información. Nosotros vamos a utilizar la palabra "trees" (árboles) en nuestro ejemplo. Lo primero que buscaremos será cualquier página que contenga las palabras "trees" y "directory" en su título. De hecho, introduciremos un par de comodines (el carácter *) para construir un pequeño vacío para las palabras que aparezcan entre las dos anteriores. La consulta resultante sería:

```
intitle:"directory * * trees"
```

Esta consulta encontrará directorios de árboles de hoja perenne, de árboles surafricanos y, por supuesto, directorios que simplemente contienen variedades de árboles de jardín.

Para las búsquedas en lengua castellana, hay que señalar que la palabra "directorio" no da muy buenos resultados, ya que no se utiliza con demasiada frecuencia. Las búsquedas serán más fructíferas si utilizamos palabras como "índice", "lista", "listado" o "catálogo". Por ejemplo:

```
intitle:"catalogo * * arboles"
```

¿Qué pasa si deseamos hacer un corte, hablando taxonómicamente, y deseamos encontrar directorios o catálogos de información botánica? Usaríamos una combinación de palabras clave y de intitle::

```
botánica intitle:"catalogo de"
botany intitle:"directory of"
```

Con la primera de ellas obtenemos unos 975 resultados y con la segunda unos 6.600. Cambiar el contexto de la información puede ser un buen método de restringir los resultados sólo a aquellos que provengan de instituciones académicas. Si añadimos "edu" a nuestras consultas, resultaría lo siguiente:

```
botánica intitle:"catalogo de" site:edu
botany intitle:"directory of" site:edu
```

La primera da unos 8 resultados (recordemos que en los países de habla castellana las instituciones educativas suelen usar el dominio de su país y no *.edu*). La segunda ofrece 120 resultados, una mezcla de directorios de recursos y, nada sorprendente, de listados de profesores de universidad.

Mezclar la sintaxis funciona muy bien al buscar algún recurso; además de en la red, pueda estar publicado impreso en papel. Por ejemplo:

```
plantas intitle:"enciclopedia de"
```

Esta consulta arroja algunos resultados de sitios Web que venden enciclopedias impresas. Una buena forma de filtrar los resultados es eliminar los términos relacionados con los libros. Por ejemplo:

```
plantas intitle:"enciclopedia de" -inurl:libro
```

En el caso de las búsquedas en inglés, pongamos el ejemplo:

```
cars intitle:"encyclopedia of"
```

Esta consulta estará llena de resultados de Amazon.com y otros sitios que venden enciclopedias de coches. Modifiquemos la consulta ligeramente, para evitar todos estos sitios:

```
cars intitle:"encyclopedia of" -site:amazon.com -inurl:book
-inurl:products
```

Esta consulta especifica que los resultados de la búsqueda no deben provenir de Amazon.com y no deben contener la palabra "book" (libro) o "product" (producto) es su URL, lo cual elimina un montón de tiendas online. Jugar con esta consulta cambiando la palabra "cars" por cualquier otra que nos interese nos ofrecerá resultados muy interesantes.

(Desde luego, hay muchos sitios que venden libros online, pero cuando se trata de aquellos que se introducen en nuestros resultados al intentar encontrar recursos o información para la investigación en la red, Amazon.com es el que más aparece con mucha diferencia. Sin embargo, si lo que buscamos son libros, la consulta perfecta es site amazon.com).

Si la mezcla de sintaxis no ofrece los resultados esperados, hay algunas combinaciones inteligentes de palabras clave que nos pueden ayudar.

Encontrar índices de búsqueda por materias

Existen algunos índices de búsqueda por materias muy grandes y otros más pequeños que tratan un tema concreto. Podemos encontrar los índices pequeños personalizando unas búsquedas genéricas. La consulta "qué hay de nuevo" "qué es lo nuevo", aunque arroje resultados falsos, es un excelente método de encontrarlos. Para las búsquedas de índices en inglés, la consulta directory "gossamer threads" es una opción interesante. Gossamer Threads es el diseñador de un popular programa de creación de directorios de enlaces. Es un buen método para encontrar índices sin obtener muchos errores. La consulta "qué hay de nuevo" "qué es lo nuevo", unida a la palabra directorio o índice no funciona del todo bien, ya que la palabra directorio no es un término muy fiable ni delimitado, pero sí se pueden encontrar cosas mediante ella que de otra forma sería difícil.

```
"qué hay de nuevo" índice periodismo investigación
"qué hay de nuevo" índice jardinería
"qué hay de nuevo" índice veleros
```

El mejor truco consiste en utilizar una palabra general pero lo suficientemente específica que se pueda aplicar al tema de nuestra búsqueda y no a otro cualquiera.

Tomemos la palabra "acupuntura" y comencemos a estrechar la búsqueda por tema: ¿qué tipo de acupuntura?, ¿para personas o para animales? Si es para personas, ¿para qué tipo de enfermedad es el tratamiento? Si es para animales, ¿qué tipo de animal? Quizás deberíamos buscar por "acupuntura gato" o tal vez por "acupuntura artritis". Si esta primera vuelta no afina los resultados lo suficiente, podemos seguir intentándolo. ¿Estamos buscando tratamientos o formación? Podemos centrar la búsqueda en unos u otros mediante la sintaxis site:, probando las consultas "acupuntura gato" site:com o "acupuntura artritis" site:edu. Con sólo dedicar un poco de tiempo a afinar la búsqueda, podremos obtener un número razonable de resultados que se centren en el tema de nuestra búsqueda.

Encontrar definiciones técnicas

Los vocabularios especializados permanecen, en su mayor parte, bastante estáticos, ya que las palabras no cambian su significado de repente. No ocurre lo mismo con la jerga relacionada con la técnica o la informática. Da la impresión de que cada 12 segundos alguien introduce alguna palabra de moda o término relacionado con la informática o con Internet el cual, tan sólo 12 minutos después, queda obsoleto o significa algo completamente diferente (con frecuencia sucede con más de una palabra cada vez). Quizás esto no es negativo. Simplemente es así.

Google puede socorrernos de dos formas: ayudándonos a buscar palabras y a entender qué palabras no conocemos y deberíamos conocer.

Terminología tecnológica

Acabamos de salir de una sala de conferencias y nuestra cabeza bulle con un montón de palabras nuevas que acabamos de escuchar. El problema surge cuando no sabemos si lo que hemos estado escuchando es argot, terminología específica de hardware o software o terminología general. ¿Cómo podemos determinar cuál es cuál?

Como con cualquier nuevo vocabulario, debemos utilizar las pistas que nos ofrece el contexto. ¿En qué parte de la conversación se utilizó el término? ¿Se utiliza con más frecuencia relacionado con algo específico? Podría ser simplemente una jerga. ¿Podemos encontrarlo escrito en algún sitio? Es conveniente recopilar toda la información que podamos. Si no disponemos de ninguna información sobre dicho término (por ejemplo, si nuestro jefe irrumpe en nuestro puesto de trabajo diciendo "Estamos pensando en gastar 20 millones de dólares en un proyecto utilizando X"), entonces debemos tratarlo como terminología general.

El glosario de Google

Antes de comenzar la búsqueda en Google, podemos comprobar si todavía tiene disponible su glosario en el sitio Google Labs (*http://labs.google.com/faq.html* para búsquedas en inglés y *http://www.google.com/intl/es/ads/glossary.html* para búsquedas en castellano).

NOTA

Google Labs es el lugar donde los ingenieros de Google experimentan sobre servicios que pueden estar disponibles para el público. Para obtener más información, consulte *Google Hacks* o la dirección *http://labs.google.com/faq.html*.

El glosario de Google proporciona definiciones de términos tanto técnicos como no técnicos. Si no encontramos aquí nada útil para nuestra consulta, debemos volver a la búsqueda inicial de Google.

Investigar terminología con Google

Lo primero es pensar un poco: por favor, ¡no nos limitemos a introducir la abreviatura en la caja de texto! Por ejemplo, una búsqueda de XSLT podría arrojar unos 900.000 resultados. Aunque navegar por esta infinidad de resultados nos puede llevar a encontrar una definición, podemos hacer algo más que eso. Podemos añadir "significa" a la consulta si la palabra que buscamos es una abreviatura o un acrónimo. La consulta "XSLT significa" nos proporcionará unos 5 resultados.

Si para la consulta que deseamos todavía nos parecen demasiados resultados (la consulta "XML significa" nos proporciona unos 130 resultados), podemos intentar añadir principiantes o novatos a la misma. La consulta "XML significa" principiantes sólo produce 2 resultados.

Si todavía no obtenemos los resultados que deseamos, podemos intentar "¿Qué es X? o "X es un tipo de" o "X para principiantes" donde X es el término o acrónimo buscado. Éste debe considerarse sólo en un segundo intento, ya que la mayoría de los sitios no tienden a utilizar frases como "¿Qué es X?" en sus páginas, "X es un tipo de" se utiliza en pocas ocasiones y también hay que considerar que X sea un término tan nuevo o tan poco común que no esté registrado en las preguntas frecuentes (FAQ). De nuevo hay que decir que hay que adaptar las búsquedas a las circunstancias.

Si buscamos terminología específica de hardware o software (no sólo términos relacionados con estos temas), podemos intentar buscar la palabra o frase unida a cualquier cosa que sepamos sobre su uso. Por ejemplo, "DynaLoader" es terminología específica sobre software, es un módulo de Perl. De esta forma, la búsqueda sería:

```
DynaLoader Perl
```

Si los resultados que encontramos nos resultan demasiado avanzados y asumen que ya sabemos qué es DynaLoader, podemos jugar con las palabras principiantes, novatos y todas aquellas que nos acerquen más a la información más básica para quienes están empezando:

```
    DynaLoader Perl principiantes
```

Si aún así no podemos encontrar la palabra en Google, puede ser por varios motivos: quizás es una palabra específica de nuestro ambiente, nuestros compañeros de trabajo están jugando con nosotros, escuchamos mal el término (o no lo tecleamos correctamente) o es muy, pero que muy nuevo.

Dónde ir además de a Google

A pesar de todos nuestros esfuerzos, no hemos encontrado en Google una explicación satisfactoria a esa terminología. Hay algunos otros sitios que pueden ayudarnos a encontrar lo que estamos buscando:

Whatis (http://whatis.techtarget.com/)

Un índice de búsqueda especializado en terminología informática, desde software a telecomunicaciones. Es especialmente útil si buscamos una palabra específica de hardware o software porque las definiciones están divididas en categorías. También podemos buscar por orden alfabético. Las anotaciones son buenas y frecuentemente contienen referencias cruzadas. (Sólo para búsquedas en inglés).

Webopedia (http://www.pcWebopedia.com/)
   Se puede buscar por palabra clave o por categorías. Este sitio ofrece también una lista de las entradas más nuevas en su página principal para así poder buscar nuevas palabras. (Sólo para búsquedas en inglés).

Netlingo (http://netlingo.com/framesindex.html)
   Este sitio está más orientado a Internet. Se muestra con un marco a la izquierda que contiene las palabras y las definiciones se muestran a la derecha. Incluye muchas referencias cruzadas y términos de argot un poco antiguos. (Sólo para búsquedas en inglés).

Tech Enciclopedia (http://www.techWeb.com/encyclopedia)
   Definiciones de características e información sobre más de 20.000 palabras. Lista los 10 términos más buscados y así podemos comprobar cuánta gente hay tan confusa como nosotros. Aunque cada una de las entradas señala las palabras de antes y después de la misma, las referencias cruzadas no son muy abundantes.

Glosario básico inglés-español para usuarios de Internet (http://www.ati.es /novatica/glointv2.html
   Completísimo glosario de términos centrados especialmente en Internet y en las redes de comunicaciones. Incluye un estupendo diccionario inglés-español.

Vocabulario de ordenadores e Internet (http://jamillan.com/v_index.htm)
   Reúne más de 900 términos relacionados con la informática e Internet. Para búsquedas en castellano. También ofrece direcciones de glosarios en otras lenguas y páginas de debates sobre terminología.

La terminología informática prolifera casi tan rápidamente como las páginas Web. No debemos preocuparnos demasiado por mantenernos al día ya que es prácticamente imposible. En vez de eso, utilicemos Google como recurso de referencia para encontrar las definiciones que nos interesen.

Encontrar comentarios en weblogs

Hubo un tiempo en el que para encontrar comentarios sobre la actualidad no necesitábamos recurrir a motores de búsqueda como Google. Buscábamos en Usenet, registrábamos listas de correo o buscábamos en sitios de noticias como CNN.

Pero a medida que los motores de búsqueda han evolucionado, éstos han sido capaces de catalogar páginas de forma más rápida. De hecho, Google programa su motor para catalogar primero aquellos sitios Web cuya información se mueva con mayor rapidez. Al mismo tiempo, ha surgido el fenómeno llamado *Weblog* (consulte, *Essential Blogging, http://www.oreilly.com/catalog/essblogging*): un sitio online que contiene cometarios continuos y enlaces asociados y que se actualiza diariamente (y, en la mayoría de los casos, más de una vez al día). Google cataloga muchos de estos sitios mediante un programa acelerado. Si sabemos cómo encontrarlos, podremos construir una consulta que busque comentarios actuales sólo en estos sitios concretos.

Encontrar weblogs

Cuando aparecieron los weblogs por primera vez dentro de Internet, generalmente eran actualizados de manera manual y mediante programas hechos en casa. Así, no existían palabras clave estándar que se pudieran añadir en un motor de búsqueda para localizarlos. Ahora, sin embargo, muchos Weblogs se crean usando paquetes de software especializado (como Movible Type, *http://www.movabletype.org* o Radio Userland, *http://radiouserland.com*) o también servicios online (como Blogger, *http://www.blogger.com*). Estos programas y servicios son más fáciles de encontrar online utilizando sintaxis o palabras especiales.

Si el weblog está alojado en un sitio concreto, la sintaxis site: hará que la búsqueda sea más sencilla. Los weblogs creados con Blogger que están alojados por Independientix pueden encontrarse utilizando site:independientix.com. Aunque Radio Userland es un programa de software que permite alojar sus weblogs en cualquier servidor, podemos encontrar la mayoría de los weblogs generados por dicho programa en el propio servidor de Radio Userland (*http://radio.Weblogs.com*) utilizando site:radio.Weblogs.com.

Encontrar weblogs generados por un programa de software y alojados en cualquier otro sitio es más problemático. Los weblogs generados por Movible Type, por ejemplo, pueden encontrarse en cualquier lugar de Internet. Sin embargo, la mayoría de ellos contienen el enlace "powered by movable type", por ello, buscar esta frase encontrará muchos de ellos.

Todo se reduce a utilizar las "palabras mágicas" que normalmente se encuentran en las páginas de Weblogs o también el software o los sitios donde pueden estar alojados. La siguiente lista proporciona algunos de estos programas de software y servicios de alojamiento y las palabras mágicas que hay que utilizar para encontrarlos a través de Google:

Blogger
    "powered by blogger" o site:blogspot.com

Blosxom
    "powered by blosxom"

Geeklog
    "powered by geeklog"

Grafopixel
    site:grafopixel.com

Greymatter
    "powered by greymatter"

Independientix
    site:independientix.com

MiWeblog
    site:miWeblog.net

pMachine
    "powered by pmachine"

Radio Userland
    intitle:"radio Weblog" o site:radio.Weblogs.com

Utilizar las "palabras mágicas"

Debido a que no podemos utilizar más de 10 palabras en una consulta a Google, no hay forma de construir una consulta que incluya todas las palabras mágicas relacionadas con los Weblogs. Es mejor probar con varias palabras y comprobar qué Weblogs contienen los temas en los que estamos interesados.

Lo primero de todo es tener en cuenta que los Weblogs, contienen comentarios informales y tenemos que estar alerta ante palabras o nombres mal escritos, etc. De forma general, si es posible, es mejor buscar por un acontecimiento o hecho que por un nombre. Por ejemplo, si buscamos un Weblog relacionado con el Real Madrid, será mejor buscar por el hecho que nos interese que por el nombre del presidente del club, Florentino Pérez.

También podemos intentar buscar una frase o palabra relevante relaciona con el evento. Por ejemplo, si buscamos las estadísticas de goles de un equipo de fútbol, podemos intentar `Weblog estadísticas goles "real Madrid"`.

Si buscamos información sobre un incendio y queremos saber si alguien ha sido detenido por haberlo provocado, podemos intentar `incendio arrestado` y, si eso no funciona, `incendio provocado arrestado`. ¿Por qué no utilizar la palabra pirómano? Pues porque es difícil que un usuario de Weblog utilice esta palabra en sus comentarios. Probablemente, se referirá a que alguien ha sido arrestado por provocar el incendio. "Arrestado", en este caso, es una palabra más acertada que "pirómano".

La barra de herramientas de Google

A diferencia de otros muchos motores de búsqueda, Google nunca se ha convertido en un portal, es decir, no intenta proporcionar información de todo tipo a todo tipo de gente ni inserta anuncios en cada esquina de su sitio Web.

Debido a esto, no es tan importante que los usuarios vean la página principal de Google ya que todos sus anuncios están insertados en sus páginas de resultados. Esto hace que tenga sentido que Google incorpore su barra de herramientas (Google Toolbar™).

La barra de herramientas de Google es un componente adicional (actualmente sólo disponible para Internet Explorer), que ofrece toda la funcionalidad del sitio sin tener que visitar el sitio en sí. De hecho, esta barra de herramientas ofrece aún más funcionalidad ya que es el único sitio donde se puede comprobar con exactitud en qué puesto del ranking está una determinada página.

Podemos descargar la barra de herramientas en *http://toolbar.google.com/intl/es/* (en castellano) o en *htttp://toolbar.google.com*. Sólo necesitamos que Internet Explorer tenga activadas las funciones ActiveX para descargar e instalar la barra.

Una vez que la hayamos instalado, la barra sigue activamente la pista de los sitios por dónde estamos navegando y pregunta a Google (comunicándole la URL) lo que sabe sobre esa página, incluyendo el ranking y las categorías. Algunas personas pueden preocuparse sobre si Google hará un mal uso de la información que recoge, por eso se ofrece la opción de instalar la barra sin la característica del ranking, lo cual protege nuestra privacidad. Si no tenemos claro lo que queremos, es mejor que nos atrevamos y elijamos la descarga completa, ya que también podemos desactivar la característica del ranking después de la instalación. La figura 33 muestra la barra, una vez instalada.

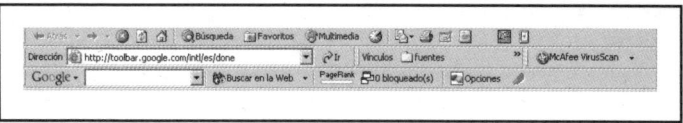

Figura 33. La barra de herramientas de Google

Utilizar la barra de herramientas para buscar en la Web es sencillo: sólo hay que introducir algunas palabras en la caja de texto y pulsar la tecla Intro. Obtendremos una página de resultados de Google y se activarán algunas de las herramientas de la barra. Una vez hecho esto, podremos obtener información sobre la página, ascender un directorio de la misma (en este caso, nos llevaría a la página principal de Google) y utilizar la herramienta de resaltado para señalar las apariciones de nuestro término de búsqueda dentro del documento.

La barra de herramientas funciona igual de bien cuando navegamos utilizando la caja de direcciones de Internet Explorer. El botón Menú Info de la página nos ofrecerá la opción de ver una versión almacenada en la caché de la página que estamos viendo (si es que Google la tiene disponible) y también mostrará enlaces a la página, páginas similares y la posibilidad de traducir la página al inglés si no está ya en este idioma. De forma general podemos decir que cuanto más popular sea una página, más posibilidades hay de que muestre enlaces o páginas similares.

Pero, ¿dónde están todas las demás características, como la búsqueda de imágenes, el catálogo y los Grupos de Google? Pues también están disponibles, pero en la instalación predeterminada de la barra se encuentran deshabilitados. Sólo hay que pulsar en el logo de Google en la parte izquierda de la barra y pulsar Opciones.

Podremos ver que la página de Opciones nos permite añadir unos cuantos botones de búsqueda más, incluyendo "Voy a tener suerte" (que nos lleva directamente al primer resultado de la búsqueda), el botón de búsqueda de imágenes, el de Grupos y el del Directorio de Google. Si deseamos expresar nuestra opinión, podemos activar los botones que nos permiten votar: cuando visitemos una página, podemos pulsar el botón de la cara alegre o el de la cara triste para emitir nuestra opinión sobre la página.

Si nos sentimos especialmente aventureros, podemos utilizar los botones experimentales que encontramos al final de la página. Esta opción nos permitirá configurar un botón de búsqueda combinada. Este botón tiene el mismo aspecto que el botón normal de búsqueda en la Web con la excepción de que tiene un pequeño triángulo a su lado. Haciendo clic en dicho triángulo, obtendremos un menú desplegable que nos permitirá buscar en varias de las propiedades de Google que incluyen las imágenes, Usenet, el diccionario, los valores bursátiles y varias búsquedas específicas como Linux, Apple Macintosh y Microsoft.

NOTA

Si no hemos instalado Internet Explorer, podemos obtener algo similar con la barra de herramientas de Mozilla (*http://googlebar.mozdev.org*) para el navegador Mozilla o para la versión más reciente de Netscape Navigator. Si no utilizamos Mozilla, Internet Explorer ni ningún navegador basado en Mozilla, podemos intentar la barra de herramientas de búsqueda rápida para navegadores independientes (*http://notesbydave.com/toolbar/doc.htm*).

Googleando con bookmarklets

Probablemente todos sabemos qué son los bookmarks (marcadores o favoritos). Pero, ¿qué son los bookmarklets? Los bookmarklets son como los bookmarks pero con un poco de magia JavaScript extra. Esto los hace más interactivos que los marcadores comunes, y pueden realizar funciones sencillas como abrir una ventana, seleccionar texto subrayado de una página o enviar una consulta a un motor de búsqueda. Hay varios bookmarklets que nos permiten utilizar algunas funciones de Google desde la comodidad de nuestro navegador.

NOTA

Si utilizamos Internet Explorer para Windows, estamos de suerte: todos estos marcadores funcionarán como acabamos de describir. Pero si utilizamos un navegador (como Opera) o sistema operativo (como Mac OS X) menos común, debemos prestar atención a las requisitos e instrucciones de los bookmarklets; habrá que realizar algunas acciones para conseguir que los bookmarklets funcionen o, en el peor de los casos, no podremos usar los bookmarklets en absoluto.

Antes de intentarlo en cualquier otra página, vamos a probar los botones de navegación de Google. El botón de búsqueda le pregunta a Google por cualquier texto que hayamos resaltado en la página Web actual. Google Scout lleva a cabo una búsqueda mediante la sintaxis related: en la página Web actual.

Los bookmarklets de Google están diseñados para el navegador Internet Explorer:

Google Translate!
   Reúne las herramientas de traducción de Google (descritas anteriormente en el apartado "Herramientas del idioma") en un bookmarklet, activando un botón de traducción en la página Web actual.

   http://www.microcontentnews.com/resources/translator.htm

Google Jump
Nos permite introducir los términos de búsqueda, realizar una búsqueda con Google y nos lleva directamente al primero de los resultados, gracias a la magia de la función de Google "Voy a tener suerte".

http://www.angelfire.com/dc/dcbookmarkletlab/↵
Bookmarklets/script002.html

The Dooyoo Bookmarklets Collection
Ofrece varios bookmarklets que se pueden utilizar con diferentes motores de búsqueda (dos de ellos son para Google). De forma parecida a los botones de navegación de Google, uno de ellos subraya el texto y el otro busca páginas relacionadas.

http://dooyoo-uk.tripod.com/bookmarklets2.html

Joe Maller's Translation Bookmarklets
Traduce la página actual al idioma especificado utilizando Google o Altavista.

http://www.joemaller.com/translation_bookmarklets.shtml

Bookmarklets for Opera
Incluye un bookmarklet de traducción con Google, otro que restringe la búsqueda al dominio actual y otro que busca en los Grupos de Google. Como podemos imaginar, estos bookmarklets se crearon para utilizarlos con el navegador Opera.

http://www.philburns.com/bookmarklets.html

GoogleIt!
Otro bookmarklet que mediante Google subraya en la página actual cualquier texto que hayamos buscado.

http://www.code9.com/googleit.html

PARTE V

Apéndice

Resumen de sintaxis

Google posee un estupendo conjunto de elementos de sintaxis. Puede encontrar más detalles sobre cada uno de ellos y sobre cómo combinarlos de forma efectiva en la Parte II.

Búsqueda de frases

Agrupamos palabras para formar frases que deben encontrarse de forma literal. Esa frase exacta debe aparecer en un documento para que la búsqueda produzca algún resultado.

    "indicadores económicos anuales"

Booleanos AND/OR

Por defecto, todas las palabras que introduzcamos deben existir para que encontremos alguna coincidencia. Dicho de otro modo, en la consulta:

    honda civil LS

hay un booleano AND implícito. Podemos utilizar OR (o una barra vertical |) entre cada una de las palabras:

    honda OR civil OR LS

    honda | civil | LS

si cualquiera de las palabras o frases nos vale para encontrar una coincidencia.

Paréntesis

Utilizamos los paréntesis para agrupar una lista de palabras que son alternativas en una búsqueda y sugieren orden de prioridad. Usamos el booleano OR para separarlas:

```
honda (civic OR LS)
```

Inclusión explícita

El símbolo + sirve para que los términos superfluos (palabras cortas y comunes que de otra forma se ignorarían en la búsqueda) sean tenidos en cuenta:

```
ser +o +no ser
```

Negación

Introducimos un signo – en nuestra consulta para especificar que un término o frase no debe aparecer en los resultados:

```
don quijote -cervantes
```

Comodines de palabras completas

Utilizamos el comodín de palabras completas en el interior de una frase entrecomillada para que actúe como sustituto de una palabra:

```
"tres ratones *"
```

Esta consulta encontrará resultados como "tres ratones rojos" o "tres ratones ciegos", etc.

intitle:

Restringe la búsqueda de la consulta a los títulos de las páginas Web:

```
intitle:cervantes
```

allintitle:

Encuentra páginas en las cuales todas las palabras especificadas se encuentran en el título de la misma:

```
allintitle:"ayudas economicas"
```

intext:

Busca la consulta en el texto de la página (ignora los textos de los enlaces, URL y títulos):

```
intext:http
```

allintext:

Encuentra páginas en las que todas las palabras de la consulta aparecen en el cuerpo de texto:

```
allintext:html referencia
```

inurl:

Restringe la búsqueda a las URL de las páginas Web:

```
inurl:ayuda
```

allinurl:

Busca todas las palabras de la consulta en las URL:

```
allinurl:búsqueda ayuda
```

inanchor:

Busca el texto en la descripción de los enlaces de las páginas:

```
inanchor:"tom peters"
```

allinanchor:

Busca todas las palabras de la consulta en la descripción de los enlaces de las páginas:

```
allinanchor:resolucion naciones unidas
```

site:

Restringe la búsqueda a un sitio Web o un dominio de máximo nivel:

```
site:terra.es
site:thomas.loc.gov
```

link:

Devuelve una lista de páginas que enlazan con la URL especificada:

```
link:www.google.com
```

cache:

Encuentra una copia de la página en la caché de Google:

```
cache:www.yahoo.es
```

daterange:

Limita la búsqueda a una fecha o rango de fechas concreto en el que la página fue catalogada (no creada):

```
"Geri Halliwell" "Spice Girls" daterange:2450958-2450968
neurocirugía daterange:2452389-2452389
```

filetype:

Restringe los resultados de la búsqueda al tipo de archivo que especifiquemos:

```
escolarización filetype:pdf
marketing filetype:txt
```

related:

Encuentra páginas relacionadas con la que hayamos especificado:

    related:www.cnn.com

info:

Proporciona una página de enlaces que nos proporcionan más información sobre la URL especificada:

    info:www.oreilly.com

phonebook:

Busca números de teléfono:

    phonebook:John Doe CA

    phonebook:(510) Smith CA 555-1212

rphonebook:

Busca números de teléfono de particulares:

    rphonebook: Smith CA

bphonebook:

Busca teléfonos de empresas:

    bphonebook:John Deere IL

stocks:

Busca información bursátil en la página Yahoo! Finance:

    stocks:yahoo

    stocks:apple

El último ejemplo (dado que apple no existe como símbolo bursátil) nos lleva a la página "Stock not found" de Yahoo" Finance. Desde allí, podemos buscar el símbolo correcto para Apple Computer (AAPL).

Fechas del calendario juliano

Aunque la búsqueda basada en fechas es muy útil, esta misma búsqueda cuando se utilizan fechas del calendario juliano es, como mínimo, molesta.

Una fecha juliana es simplemente un número. No está dividida en mes, día y año. Es el número de días que han pasado desde el 1 de enero de 4713 d.C. A diferencia de los días gregorianos (los del calendario que usamos todos los días), que comienzan a medianoche, los días julianos comienzan a mediodía, lo que los hace útiles para los astrónomos.

Aunque son problemáticos para los humanos, son bastante prácticos para los lenguajes de programación ya que para cambiar una fecha simplemente tenemos que sumar o restar un número y no tenemos que preocuparnos por modificar el año o el mes, por no mencionar los años bisiestos y los diferentes números de días de cada mes.

El elemento de sintaxis especial de Google **daterange:** utiliza las fechas del calendario juliano.

NOTA

Por si las cosas no fueran suficientemente confusas, en la actualidad hay otro formato de fecha que también es conocido como juliano. Es un número de 5 dígitos, aa*ddd*, en el que los dos primeros representan los dos dígitos más importantes del año y los tres últimos representan el día del año, valor que está entre el 1 y el 365 (o 366 en un año bisiesto). El elemento daterange: de Google no admite este formato.

Hay muchos sitios online donde podemos convertir una fecha en juliana. Hemos encontrados un par de ellos: el primero pertenece al organismo U.S. Naval Observatory Astronomical Applications Department (*http:aa.usno.navy.mil/data/docs/Juliandate.html*); el segundo se encuentra en la página de Mauro Orlandini (*http://www.tesre.bo.cnr.it/~mauro/JD*). Este último convierte de gregoriano a juliano y viceversa. Si preferimos realizar búsquedas por rango de fechas en Google sin este paso extra, podemos usar la interfaz

FaganFinder de Google (*http://www.faganfinder.com/engines/google.shtml*) que se muestra en la figura 34. Es una alternativa a la página de Búsqueda avanzada de Google utilizando daterange: y buscando a través de un menú desplegable mediante fechas del calendario gregoriano.

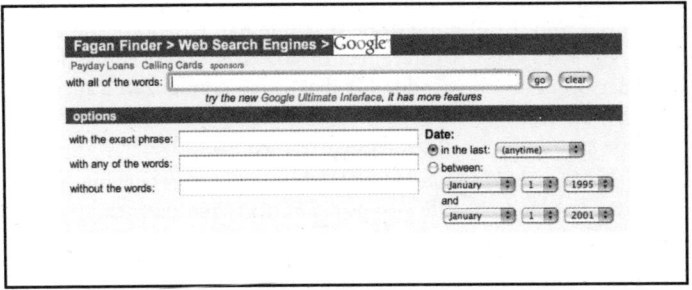

Figura 34. La interfaz de FanganFinder con la búsqueda por rango de fechas basadas en el calendario gregoriano

Puede encontrar muchos datos sobre las fechas julianas buscando en Google por julian date (*http://www.google.com/search?q=julian+date*).

Índice alfabético

Símbolos

& (ampersand), añadir modificadores a URL, 54

* (asterisco), comodín, 21, 112

    directorios de información, encontrar, 97-99

    grupo: sintaxis especial y, 65

    no funcionan para consultas de números de teléfono, 90

    no cuenta dentro del límite de las 10 palabras, 23

- (signo menos), negación en la búsqueda, 19, 36, 112

    no disponible para consultas de números de teléfono, 90

+ (signo más), incluye explícitamente palabras en la búsqueda, 20, 112

| (barra vertical) booleano OR, 19, 111

    booleano OR, elementos de sintaxis en la búsqueda de números de teléfono, 91

    booleano OR, reglas para combinar sintaxis, 33

() (paréntesis), sugiere precedencia en un grupo de palabras, 19, 112

Números

10 palabras de límite en las consultas, 22, 30

A

acontecimientos,

    buscar comentarios en los weblogs, 106

    buscar en el Directorio de Google, 62

    buscar por fechas, 29

    encontrar comentarios de, 67

algoritmo PageRank, 60

anchors, 25, 40, 113

AND (booleano), 18, 111

antisociales, elementos de sintaxis, 35-37

anuncios en resultados, 51

arañas, computerizadas, 6

archivos de,

    buscar en artículos publicados, 95-97

    mensajes de los Grupos de Google, 62

argot,

    buscar, 87

    fuentes para, 42

profesional, 43-45

restringir la búsqueda con, 41-43

usar como herramienta de búsqueda, 41-45

artículos,

buscar archivos de, 95-97

de prensa, buscar, 95

de revistas, 96

de The New York Times, 95

as_qdr=mx (modificador URL), 55

asterisco (*), comodín, 21, 112

encontrar directorios de información, 97-99

grupo: sintaxis especial, 65

no cuenta para el límite de 10 palabras, 23

no funciona para consultas de directorio telefónico, 90

Australia, nuevas páginas, 72

B

barra de herramientas, 106-108

botones experimentales, 108

de búsqueda rápida, 108

Mozilla, 108

básicos de Google, 17-20

Blogger weblogs, 105

bookmarklets, de traducción de Joe Maller, 110

googlear con, 109

para el navegador Opera, 110

booleanos por defecto de Google, 18, 111

botón de búsqueda combinada, configurar en barra de herramientas, 108

botones de navegación, 109

buscador de palabras completas, 6

buscadores de noticias, que no son Google, 75

buscar,

búsqueda sencilla, 20

comentarios, 103-106

compras en Froogle, 80

definiciones, 86-88

definiciones técnicas, 100-103

ejemplo sencillo de, 8-11

el texto de descripción de los enlaces, 25, 40, 113

en el Directorio de Google, 61

en otras categorías de Google, 50

formatos de archivos de Microsoft, 31

frases, 17, 111

generadores de páginas, 31

glosarios, 87

inclusión explícita de palabras, 19, 112

información de empresas, 95

información financiera de empresas, 95

jerga o argot profesional, 41-45

negación en, 19, 112
noticias internacionales, 72
páginas diferentes idiomas, 83
páginas específicas, 40
por fecha de creación de contenido, 30
por idioma, 48
símbolos bursátiles, 94
usando palabras poco comunes, 22
Búsqueda avanzada, 9, 13, 38-41
en catálogos, 77
en Grupos, 64
en Imágenes, 68-70
Froogle, 80
operadores (ver sintaxis especial)
sintaxis especial para, 65-67
búsqueda inversa de números de teléfono, 91
búsqueda temas específicos, 40
búsqueda sencilla, 20

C

caja de búsqueda de palabras clave en la página principal de Google, 8
Canadá, nuevas páginas, 72
capacidad de recopilación de las News, 74
casos de ejemplo para mejorar los resultados de las búsquedas, 11-16

combinar sintaxis,
cómo combinarla, 34
cómo mezclar, 34
cómo no mezclar, 32-34
elementos que no se pueden combinar, 35-37
en los Grupos de Google, 66
para encontrar directorios de información, 97-99
comentarios en la Web (weblogs), 103-106
encontrar, 104
utilizar palabras mágicas, 105
comodines de palabras completas, 21, 112
buscar directorios de información, 97-99
grupo: sintaxis especial y, 65
no funciona para consultas de números de teléfono, 90
no se cuenta para el límite de 10 palabras, 23
comprar (ver Froogle)
compras online (ver Froogle)
comprobar ortografía de las consultas, 12, 56-58, 86
consultas,
comprobar ortografía, 12, 56-58, 86
encontrar directorios de información, 97-99
incluir/excluir palabras con la Búsqueda avanzada, 39

límite de 10 palabras, 22, 30

y los comodines de palabras completas, 21, 23, 112

consultas ortográficas, 12, 56-58, 86

conversor de fechas julianas del *U.S. Naval Observatory Astronomical Applications Department*, 116

convertir fechas gregorianas y julianas, 116

cookies desactivadas, cómo afecta a las Preferencias, 50, 84

copyright, utilizar para identificar artículos, 96

D

definiciones,

    palabras técnicas, 100-103

    utilizando *Dictionary.com*, 86-88

diccionario, One Look, 87

diccionario legal, Law.com, 44

Dictionary.com sitio Web, 86-88

directorio de enlaces, anatomía de resultados de la búsqueda, 50

    encontrar, 97-100

    info:, 31

directorios información, 97-100

Dominio (propiedad de la Búsqueda avanzada), 40

Dooyoo Bookmarklets Collection, 110

E

encontrar,

    artículos de revistas, 96

    weblogs, 103-106

enlaces de patrocinadores en las páginas de resultados, 51

Essential Blogging, 104

establecimientos,

    formar parte de Froogle, 82

    unirse a Froogle, 82

excluir palabras en la búsqueda con el signo – (signo menos), 19, 36, 112

    no disponible en búsquedas de directorio telefónico, 90

F

FanganFinder interfaz de Google, 117

fechas,

    buscar información sobre un suceso, 67

    buscar por, búsqueda en la Web vs. búsqueda en Grupos, 64

    de creación del contenido, 30

    del calendario juliano, 116-117

    exactas, buscar, 30

fecha de creación de contenido, buscar por, 30

fechas gregorianas, 116

    convertir a julianas, 116

    usar en la búsqueda en los Grupos, 65

fechas julianas, 116-117
  usar en las búsquedas en Google, 65
  y daterange:, 28, 116
filtrado,
  desactivar para búsqueda, 49
  Imágenes de Google y, 70
  opción SafeSearch, 40, 48
filtro SafeSearch, 40, 48
frases, buscar, 17, 111
Froogle, 79-82
  añadir un establecimiento, 82
  comprar, buscar para, 80
  comprar, navegar para, 80
  sintaxis especial, intext:, 81
  sintaxis especial, intitle:, 81

G

generadores de páginas, buscar, 31
Geocities, búsqueda de argot, 88
glosarios, buscar, 87
Google Hacks, 2, 101
Google,
  barra de herramientas, 106-108
    página de Opciones, 108
  básicos de, 17-20
  booleanos por defecto, 18, 111
  búsqueda en la Web con la barra de herramientas, 107
  vs. Directorio, 59-62
  vs. Grupos, 62-66
  vs. News, 72
Catálogos, 75-78
  restringir consultas con la Búsqueda avanzada, 77
  sintaxis especial, 78
derribar mitos sobre, 5
Directorio, 10, 59-62
  analizar resultados de la búsqueda, 52
  buscar, 61
  sintaxis especial, 62
  Web, 15
en su idioma, 85
entender URL, 53-56
Glosario, 101
googlear con bookmarklets, 109
GoogleIt bookmarklet, 110
Grupos, 10, 62-67
  bookmarklets de Opera, 110
  escenarios de búsqueda comunes, 66
  navegar por, 63-65
  sintaxis especial, 65
  sintaxis especial, author:, 66
  sintaxis especial, group:, 65
  sintaxis especial, intitle:, 65

Imágenes, 9
   aplicar filtros a, 49
   buscar, 68-71
   sintaxis especial, filetype:, 70
   sintaxis especial, intitle:, 70
   sintaxis especial, inurl:, 71
   sintaxis especial, site:, 71
Jump bookmarklet, 110
Labs, 101
modificadores en las URL de, 54-56
News, 10, 71-75
   capacidad de recopilación, 74
   restringir resultados de búsqueda, 74
   sintaxis especial, intitle:, 73
   source:, 73
   versiones internacionales, 72
página principal, 8-11
páginas específicas por países, 85
phonebook, 88-92
   sintaxis especial, 88
   bphonebook:, 89
   phonebook:, 88
   rphonebook:, 88
sensibilidad tipográfica, 20
Translate! bookmarklet, 109
Gossamer Threads Inc., 99

Grupos Usenet y Grupos de Google, 10, 62-67

H

herramientas de traducción, 9, 83
   bookmarklet Google Translate!, 109
   usar para restringir la búsqueda, 85
hl= (modificador URL), 55

I

idioma,
   cuadro de lista (Búsqueda avanzada), 13, 39
   establecer, 47
      de la búsqueda, 48
      de la interfaz, 47
   herramientas del, 9, 82-86
idioma de la interfaz, 9, 47, 84
imágenes (ver Google, imágenes)
inclusión explícita de palabras en la búsqueda, 19, 112
índice búsqueda de glosarios, 44
índices búsqueda por materia, 6
   Directorio de Google, 10, 52, 59-62
   encontrar, 99
información relacionada con empresas, afinar búsqueda, 95
instituciones de educación,
   buscar phonebook, 92
   búsquedas restringidas, 13, 87

interfaz, idioma, 9, 47, 84
interfaz, idioma klingon, 9, 82
    tener cuidado al establecer preferencias, 84
Internet Explorer,
    barra de herramientas de Google disponible para, 106-108
    y los bookmarklets, 109
investigadores, búsquedas para, 49

J

jerarquía en los mensajes de los grupos de discusión, 62-65

K

Klingon, 9, 82

L

Law.com, 44
leyendas urbanas, 5
lista de categorías en la página de resultados, 51

M

Maller, Joe, 110
materia, buscar por en el Directorio de Google, 10, 52, 59-62
MedicineNet web site, 44
MedTerms.com, 44
mejorar los resultados de la búsqueda, 11-15
mensajes archivados en los Grupos de Google, 62-67
mensajes de grupos de discusión, jerarquía de, 62-65
Microsoft, buscar por formato de archivos de, 31
mitos sobre Google e Internet, 5
modificadores en las URL de Google, 54-56
motores de búsqueda,
    bookmarklets para, 110
    dos tipos de, 6
Mozilla, barra de herramientas, 108

N

navegar,
    cookies desactivadas, 50, 84
    Grupos de Google, 63-65
    para comprar en Froogle, 80
    recursos de vocabulario especializado, 41-45
negación en la búsqueda, 19, 112
Netlingo, 103
newsgroups y los Grupos de Google, 62-67
noticias internacionales, 72
Nueva Zelanda, nuevas páginas de, 73

nuevas páginas específicas de países, 72

num= (modificador URL), 54

números de teléfono de empresas, buscar, 88-92

NYTimes.com, artículos de, 95

O

OneLook, diccionario de metabúsqueda, 87

On-Line Medical Dictionary, 44

opción,
de Formato de archivo (Búsqueda avanzada), 14, 39
Fecha (Búsqueda avanzada), 39

Open Directory Project, 10, 52, 59-62

Opera, bookmarklets para el navegador, 110

OR (booleano), 18, 111
y los elementos de sintaxis phonebook, 90

Orlandini, Mauro, 116

ortografía, faltas en las consultas, 12, 56-58, 86

P

página de Opciones de la barra de herramientas, 108

páginas específicas de países en Google, 85

páginas Web, versiones caché, 53

países, buscar material de diferentes, 83

palabras clave,
booleanos por defecto, 18
buscar en las Imágenes, 68
búsqueda de frases, 17
encontrar índices de búsqueda por materias, 99
límite de 10 palabras, 22
palabras superfluas, 20
restringir búsqueda con su uso, 34

palabras poco comunes, sacar partido de, 22

paréntesis, sugiriendo precedencia en un grupo de palabras, 19, 112

particulares, buscar en Phonebook, 88-92

Phone Book Servers, directorios de universidades, 92

phonebook, 88-92
advertencias en el uso de sintaxis especial, 90
consulta inversa, 91
sintaxis especial para, 88-92

pMachine, weblogs, 105

"powered by *weblog-name*", 104

precedencia, usar los paréntesis para sugerir, 19, 112

Preferencias, 9, 47-50

Presencia, cuadro de lista (Búsqueda avanzada), 40

privacidad en las listas de teléfonos, 91
Probert Enciclopedia, 42

R

Radio Userland, 104
ranking de páginas, algoritmo, 60
    usar con la barra de herramientas, 107
ranking de popularidad y el Directorio de Google, 10, 52, 61
recursos para jerga escandinava, 42
Reino Unido,
    nuevas páginas para, 73
    sitios Web centrados en la jerga de, 42
restringir las búsquedas,
    buscando jerga o argot, 41
    con la Búsqueda avanzada en catálogo, 77
    con sintaxis especial, 24-32
    con vocabulario especializado, 45
    cuando navegamos para comprar, 80
    demasiado, 33
    en el Directorio de Google, 62
    en índices de búsqueda por materias, 99
    en las imágenes, 68
    en las News de Google, 74
    en los símbolos bursátiles, 95
    para información relativa a empresas, 95
    para números de teléfono, 90
    para términos médicos o técnicos, 43, 87
    usando las herramientas del idioma, 83
    usar la sintaxis especial daterange:, 27-31
    usar sintaxis especial intitle:, 24, 34, 70
    usar sintaxis especial inurl:, 35
    usar sintaxis especial site:, 25, 34, 71
    utilizando herramientas de traducción, 85
resultados de la búsqueda,
    anatomía, 50-53
    de los catálogos de Google, 78
    enlaces de patrocinadores en, 51
    establecer preferencias, 47-50
    lista de categorías, 51
    mejorar, 11-15
    metadatos en, 53
    número mostrado por página, 49
resultados mostrados por página, 49
Rocketinfo, motor de búsqueda, 75

S

safe=off (modificador URL), 55
sensibilidad tipográfica,
- en consultas a phoebook, 90
- en Google, 20

símbolos bursátiles, 94
sintaxis especial, 6-8, 111-115
- allinanchor, 114
  - coincidencias en cuadro de lista, 40
- allintitle, 113
  - coincidencias en cuadro de lista, 40
  - evitar su uso en la sintaxis combinada, 33
- allinurl, 113
  - coincidencias en menú despleglable, 40
  - evitar su uso en la sintaxis combinada, 33
- author:, 66
- bphonebook, 89, 115
- caché, 27, 114
- daterange, 27-31, 114, 116
- filetype, 31, 70, 114
- inanchor:, 25, 113
- info:, 31, 115
- intext:, 25, 113
  - Froogle, 81
- intitle:, 24, 112
  - afinar búsquedas usando, 34
  - búsqueda avanzada en Grupos, 65
  - Directorio de Google, 61
  - encontrar directorios de información, 98
  - Froogle, 81
  - Imágenes de Google, 70
  - News de Google, 73
- inurl:, 26, 113
  - Directorio de Google, 61
  - Imágenes de Google, 71
  - restringir búsquedas usando, 35
- link:, 27, 114
  - no se puede combinar con otros elementos, 36
- páginas Web catalogadas y datarange:, 27
- para Búsqueda avanzada en Grupos, 65-67
- para búsquedas básicas, 24-32
- para el Directorio, 62
- para el Phonebook de, 88-92
- para Froogle, 81
- para las Imágenes, 73
- para los catálogos, 78
- para los Grupos, 65
- phonebook, 32, 88-92, 114
- related:, 15, 31, 115
- rphonebook, 88, 115
- site:, 13, 25, 114
  - encontrar weblogs, 104
  - Imágenes de Google, 71
  - restringir búsqueda, 34
  - utilizar junto a inurl:, 26

source:, 73

stocks, 92-95, 115

soporte técnico proporcionado en los grupos de Google, 66

T

Tech Encyclopedia, 103

terminología relacionada con la informática, 100

vocabulario de ordenadores e Internet, 103

terminología tecnológica,

encontrar, 100

índice de búsqueda Whatis, 102

términos médicos, restringir la búsqueda a, 43, 87

The New York Times, encontrar artículos de, 95

Tiempo Universal Coordinado (UTC), 28

traducción de páginas Web, 9, 83

"Traduzca esta página", frase en la página de resultados, 84

U

un diccionario de *slang*, 42

universidades, números de teléfono, 92

URL,

entender, 53-56

sintaxis especial info:, 31

sintaxis especial link:, 27, 114

Usenet, 10, 62-67

UTC (Tiempo Universal Coordinado), 28

V

vocabulario especializado, 41-45

vocabulario técnico, restringir búsquedas para, 43, 87

Voy a tener suerte, 20

añadirlo en la barra de herramientas, 108

Google Jump bookmarklet, 110

W

walkthrough, 67

weblogs,

comentarios, 103-106

palabras mágicas, 105

Geeklog, 105

Greymatter, 105

Movible Type, 104

palabras mágicas, 104-106

pMachine, 105

Radio Userland, 104

Webopedia, 103

Whatis, 102

WhitePages.com, 91

Y

Yahoo!, buscador de noticias, 75

Yahoo!, información bursátil en la página financiera, 92, 115

Otros títulos de O'Reilly

Excel, Guía de Bolsillo
Curt Frye
ISBN: 84-9763-081-5

Guía de referencia repleta de sugerencias, métodos abreviados e instrucciones paso a paso, incluye las tareas más comunes para Excel 97, 2000, 2002 y 2003.

Para los que nunca han utilizado Excel, se incluyen instrucciones fáciles de seguir y algunas sugerencias para comenzar a trabajar. Los veteranos en el uso de Excel podrán repasar las utilidades que hayan olvidado y aprender nuevas características que conocían.

Windows XP, Guía de Bolsillo
David A. Karp
ISBN: 84-9763-080-7

Windows XP es una guía de bolsillo de las características más comúnmente utilizadas (y mejor escondidas) de este sistema operativo. Este libro es una guía de referencia esencial para todos los que necesiten rápidas respuestas sin farragosas explicaciones. Centrándose en este punto, el libro cubre todas las aplicaciones y herramientas que incorpora Windows XP, además de las tareas más habituales y útiles, las configuraciones y los comandos.

¡Maldita PC!

Soluciones a los problemas más molestos de su computadora

Steve Bass

ISBN: 84-9763-079-3

Steve Bass, experto de *PC World*, presenta en este libro accesible y sencillo los mejores remedios a todos estos problemas. Estos trucos están servidos en dosis pequeñas, de forma que se puedan leer rápidamente y se puedan arreglar los problemas sin demora.

O'REILLY®

Para realizar pedidos en EE.UU: 800-998-9938 • *order@oreilly.com*
• *www.oreilly.com*

Las ediciones online de la mayoría de los títulos de O'Reilly están disponibles por suscripción en la dirección *safari.oreilly.com*

También puede encontrarlos en grandes almacenes y librerías online

Para realizar pedidos para España e hispanoamérica: *www.manualespc.com* • *ventas@nowtilus.com*